Susanne Gesser / Heike Kraft

Anschauen – Vergleichen – Ausprobieren

Susanne Gesser / Heike Kraft

Anschauen Vergleichen Ausprobieren

Historisches Lernen in Kinder- und Jugendmuseen

MUSEUM KONKRET

WOCHEN
SCHAU
GESCHICHTE

Bibliografische Information der Deutschen Bibliothek

Die Deutsche Bibliothek verzeichnet diese Publikation in der Deutschen Nationalbibliografie; detaillierte bibliografische Daten sind im Internet über http://dnb.ddb.de abrufbar.

Die Reihe „Museum konkret" wird herausgegeben von

Kornelia Bähre
Stefan Brakensiek
Thorsten Heese
Susanne Tauss

in Verbindung mit

Ulrich Mayer
Hans-Jürgen Pandel
Gerhard Schneider
Bernd Schönemann

www.wochenschau-verlag.de

Umschlaggestaltung: Ohl Design
Gedruckt auf chlorfrei gebleichtem Papier
Gesamtherstellung: Wochenschau Verlag
ISBN 3-89974223-0

Inhaltsverzeichnis

1. Vorwort: Eine Erfolgsgeschichte ohnegleichen

Das 20. Jahrhundert, so forderte um 1900 die Schwedin Ellen Key, solle zum Jahrhundert des Kindes werden. Zur gleichen Zeit, als Matrosenanzüge und Spitzenkleidchen, aber auch proletarische Kinderarbeit üblich waren, während in der Schule Bibelsprüche und der Stock des Lehrers vorherrschten, formulierte sie die Vision einer Pädagogik vom Kinde aus.[1] Hundert Jahre später hat die Realität Ellen Keys kühnste Erwartungen übertroffen. Kinder sind nicht mehr unbedingt der Willkür Erwachsener ausgeliefert. Die Kinderrechtskonvention verspricht ihnen Schutz vor Benachteiligung, Misshandlung und Ausbeutung und räumt ihnen das Recht auf Mitbestimmung, Information, Ausbildung und künstlerische Entfaltung ein. Heute stehen Kindern Spiel- und Sportplätze zur Verfügung, sie haben Taschengeld, legen Wert auf bestimmte Kleidung und sind fit im Internet. Sie engagieren sich in Umweltfragen, sind politisch aktiv bei Kinderparlamenten und Kindergipfeln. Sie können mit Kinderradio und Fernsehen, Büchern und Comics eine Medienwelt von ungekannter Vielfalt in Anspruch nehmen. Sie verfügen sogar über eigene Museen, die Kindermuseen. Eines der neuesten und schönsten liegt in Rom nicht weit von der vielbesuchten Piazza del Popolo entfernt. Herzstück des „Museo dei Bambini" in einem ehemaligen Jugendstil-Straßenbahndepot ist die Schau, die als Stadt für Kinder mit Krankenstation, Postamt, Autowerkstatt, Feuerwehr, Supermarkt, Fernsehstudio, Zeitungsredaktion usw. Kindern die Chance bietet, spielerisch eigene Erfahrungen zu machen – beispielsweise an der Kasse bei der Station „Supermarkt", in der Autowerkstatt, an der Briefverteilungsanlage oder im Fernsehstudio.

Als gleichzeitig mit Ellen Keys Thesen um die Wende zum 20. Jahrhundert in Brooklyn/New York das erste Kindermuseum aus der Taufe gehoben wurde, war nicht abzusehen, welch eine Erfolgsgeschichte sich da abzeichnete. Ursprünglich initiiert in dem Bemühen, ergänzend zum schulischen Unterricht mehr Anschaulichkeit und Freiräume für selbstbestimmtes Lernen zu bieten, gewannen ihre Konzepte im Lauf der Zeit an eigenständigem Profil.

Aber nicht nur in Amerika machte die Idee des Kindermuseums Schule: Man findet sie inzwischen fast in der ganzen Welt. In Dubai, in

Abb. 1: Explora, Rom, 2004

den Arabischen Emiraten, in Afrika in Sambias Hauptstadt Lusaka, in Süd- und Mittelamerika, Kanada und Israel. Oft haben sie die Aufgabe, nationale Identitäten zu stärken, und so errang das japanische *Mie Children's Castle* als Meisterwerk moderner Architektur sogar Status und Berühmtheit eines Nationaldenkmals.[2]

In Europa setzte die Entwicklung um 1970 ein und scheint mit den amerikanischen Expansions-Tendenzen Schritt halten zu wollen. Dort, so schätzt man, gibt es inzwischen mehrere hundert derartige Einrichtungen,[3] während es 2006 allein in Deutschland weit über 50 Initiativen sind. Kindermuseen tragen inzwischen entscheidend zur Attraktivität einer Region bei. Mit dem Angebot, dass Kinder hier gut aufgehoben seien, während die Erwachsenen ihren eigenen Vorlieben nachgehen können, sind sie auch zu einem wichtigen Faktor der Tourismusbranche geworden.

Und Ellen Key? Hätte sie die Chance gehabt, die Kindermuseen in Berlin, Frankfurt/Main, Nürnberg und Oelde zu besuchen oder 2004 bei der Eröffnung des *ATLANTIS* (mit 2500 m² Fläche das größte deutsche Kindermuseum) dabei zu sein, wäre sie nicht nur sehr angetan gewesen, sie hätte mit Sicherheit auch erneut zur Feder gegriffen. Ihrem berühmten Buch wäre ein weiteres gefolgt, in welchem sie dem 20. Jahrhundert den ihm gebührenden Platz als Jahrhundert der Kindermuseen eingeräumt hätte.

Da sie das nicht leisten konnte, übernehmen wir diese Aufgabe. Unser Buch, das sich an Pädagogen, Multiplikatoren und interessierte Museumsleute[4] wendet, sieht eine Bestimmung des Begriffs Kindermuseum vor, berichtet über die Geschichte von Museen und die Entstehung von Kinder- und Jugendmuseen. Es folgen praktische Tipps zur Nutzung eines Kindermuseums für den Unterricht, zur Realisierung von Ausstellungen, zu Fragen der Architektur und zur Vorgehensweise von Gründungsinitiativen. Den Abschluss bildet eine Übersicht über die existierenden Einrichtungen mit Adressteil und Hinweisen auf Öffnungszeiten.

Der Katalogteil wurde von Susanne Gesser erstellt, während Heike Kraft für den Textteil verantwortlich zeichnet. Beide sind mit der Arbeit von Kindermuseen von Anfang an vertraut. Heike Kraft realisierte ab 1975 erste Mitmachausstellungen im Kindermuseum des Historischen Museums Frankfurt. Susanne Gesser ist die derzeitige Leiterin dieses Kindermuseums, das eines der ältesten in Deutschland ist und als Vorbild für viele andere diente.[5]

2. Geschichtliche Grundlagen

2.1 „Hands on" in Amerika

Das weltweit erste Kindermuseum wurde 1899 in Brooklyn/New York gegründet. Für die frühen Ausstellungen dort nutzte man botanische und zoologische Modelle, naturgeschichtliche Schautafeln, eine Mineralien-, Vogel-, Insekten- und Muschelsammlung. Zusätzlich konnte auf eine Bücherei zurückgegriffen werden. Das bestimmende Motto

Abb. 2: Action im Chicago Children's Museum, 1995

dabei lautete: „Ich höre und vergesse, ich sehe und erinnere mich, ich mache es und verstehe".[6] Dem Vorbild in Brooklyn schlossen sich bis 1925 die Kindermuseen in Boston, Detroit und Indianapolis an. In den nachfolgenden Jahren gab es noch vereinzelt weitere Gründungen; gegen Ende des 20. Jahrhunderts setzte dann ein regelrechter Boom ein, der bis heute anhält. Um das Jahr 2000 waren es mehrere Hundert, teilweise ausgestattet mit Werkstätten, Cafeteria, Shops, Mini-Zoos etc. Manche von ihnen verfügen inzwischen über ähnlich große und attraktive Räume wie die Erwachsenenmuseen und erweisen sich als Besuchermagneten – nicht nur für Kinder. Das *Arizona Museum of Youth* beispielsweise wurde 1990 von einer großen amerikanischen Zeitschrift zu den sechs wichtigsten Museen der USA gerechnet. Und das Kindermuseum in Indianapolis ist mit einer Million Besuchern im Jahr das größte.

Von Anfang an huldigten die Children's Museums dem Prinzip des „learning by doing" des Pädagogen John Dewey, der in seiner Laborschule Sachunterricht mit erfahrungsorientiertem historischem Lernen verband.[7] Die Kindermuseen förderten demnach ausdrücklich Berühren, Experimentieren und Nachahmen. Insbesondere das Bostoner Kindermuseum, schon 1913 als eigenständige Institution mit eigener Sammlung in eigenen Räumen eröffnet, entwickelte sich zu einem der besonders großen. Es war dasjenige, das über die Grenzen Amerikas hinaus am stärksten als Vorbild wirkte. Ausgerichtet auf eine enge Zusammenarbeit mit Schulen, hatte sein Direktor Michael Spock ab den sechziger Jahren Pionierarbeit geleistet. Er entwickelte das Ausstellungsprinzip „Hands on" mit dem Ziel,

> Besucher neben der intellektuellen auch auf der emotionalen Ebene anzusprechen. Ein wichtiger Ansatzpunkt wurde darin gesehen, einen Bezug des jeweiligen Ausstellungsthemas zur aktuellen Lebenssituation der Zielgruppe Kinder und Jugendliche herzustellen. Ein weiterer Punkt seines Ansatzes war die Frage, was Besucher aus dem Angebot des Museums für die Gegenwart und Zukunft lernen können. Die erste Ausstellung, die nach diesen Grundsätzen erarbeitet wurde, war die 1963 gezeigte Ausstellung „What's inside".[8]

Bei der anderen, überaus erfolgreichen Ausstellung „What if you couldn't ...?" ging es um das Thema Behinderung. Die Besucher hatten dabei u.a. die Gelegenheit, an einem Rollstuhl-Parcours teilzunehmen, um sich in die Lage von Behinderten einfühlen und ihnen künftig besser begegnen zu können. Ähnlich wurden in Brooklyn spezielle Programme zur Aufhebung von Rassendiskriminierung schwarzer Kinder umgesetzt, die sich als sehr erfolgreich erwiesen. Kindermuseen schrieben durch derartige Initiativen nicht nur Museums-, sondern auch Pädagogik- und Sozialgeschichte.

Eine konkrete Vorstellung vom Aussehen eines solchen „Ausprobier-Museums" vermag die Beschreibung einer Besucherin des *Creative Discovery Museum* in Chattanooga/Tennessee aus dem Jahr 1997 zu vermitteln:

> In der großen Eingangshalle war ein transparentes Wasserleitungssystem durch den ganzen Raum geführt, in dem das Wasser über verschiedene Pumpmaschinen in Bewegung gesetzt werden konnte. In verschiedenen Becken konnten kleine Experimente zu Phänomenen wie Strudelbildung, Bewegung durch Wasserkraft und ähnliches selbst unternommen werden .... Ein Teilbereich des Museums war als Dinosauriergrabungsstätte ausgestaltet. In einer Sandgrube, bei der der Sandanteil in irgendeiner Form zusammengebacken und gehärtet war, schauten unzählige Dinosaurierknochen gerade so ein bißchen hervor, daß sie zu erkennen waren. In einer Hütte konnte man sich „echte Grabungsgeräte" holen und versuchen, etwas von einem Knochen frei zu schaben. Die Wände um diese Grabungsstelle waren als riesiges Panoramabild einer Landschaft aus der Vorzeit bemalt ... Und als Ergänzung gab es eine Ecke, in der Bilderbücher über Dinosaurier lagen und in der verschiedene Verkleidungsutensilien zum Thema hingen. So gab es dort große, genähte, wattierte Schwänze zum Umschnallen, ebensolche Füße und Pranken, Höcker und Masken für den Kopf. Es gab eine auch für Erwachsene ungeheuer faszinierende Kuppel, in der durch Stroboskop-Effekte stehende Bilder in Bewegung gerieten und eine Metamorphose von ganz unterschiedlichen Dingen vorgaukelten. Vor der Kuppel war ein kleines mechanisches Modell, das jeder selbst in Bewegung setzen konnte und das das Entstehen von bewegten Bildern leicht veranschaulichte. Außer solch z.T. sicher sehr kostspieligen und komplizierten Ausstellungsstücken gab es aber auch einfache und bei den Kindern ebenso beliebte Objekte. Zum Beispiel Spiegel mit Schminkutensilien, ein menschenhohes Kaleidoskop zum Selberreinstellen, kleine, in die Wand eingelassene Tresore, deren Zahlenkombinationen es zu knacken galt, eine Küche, in der alle Dinge, die eine wirklich große Küche enthält, für Kinder absolut naturgetreu in Holz und Kunststoff nachgebildet waren – vom Kühlschrank und der Waschmaschine bis hin zum Toastbrot und der Tomatenscheibe. Es gab einen Erfinderraum, in dem mit den verschiedenen Arten von Bausteinen gebaut und erfunden werden konnte ... Es gab einen Raum mit den verschiedensten Percussions-Instrumenten, auf denen nach Herzenslust getrommelt und geklappert werden konnte. Es gab ein kleines Tonstudio und einen Raum zur darstellenden Kunst.[9]

2.2 Museen und Pädagogik

Eine größere Rolle noch als die Impulse aus den USA spielen beim Werdeprozess der Kinder- und Jugendmuseen die Erwachsenenmuseen. Zum anderen sind sie auch in großen Teilen der Pädagogik verpflichtet. Verfolgt man die Geschichte der Museen und die der Pädagogik, werden Querverbindungen erkennbar, die im folgenden Kapitel aufgezeigt werden sollen.

2.2.1 Die Vorgeschichte

„Das Museum gilt heutzutage als „gemeinnützige ständige Einrichtung ..., die der Gesellschaft und ihrer Entwicklung dient, der Öffentlichkeit zugänglich ist und materielle Zeugnisse des Menschen und seiner Umwelt für Studien-, Bildungs- und Unterhaltungszwecke sammelt, bewahrt, erforscht, vermittelt und ausstellt."[10] Voraussetzung für die Existenz von Museen allgemein ist der Sammeltrieb und fast jeder, egal ob Alt oder Jung, geht ihm in irgendeiner Weise nach. Die ersten Sammlungen legten vermutlich frühgeschichtliche Höhlenbewohner vor 4000–5000 Jahren an.[11] Den Griechen verdanken wir die Bezeichnung Museum, abgeleitet von „Museion", dem „Musensitz", einer Ausbildungsstätte von Philosophen und Gelehrten. Das berühmteste war das in Alexandria, andere große Heiligtümer wie das in Olympia verfügten über eine große Sammlung von Skulpturen. Die Griechen waren auch „die ersten, die im Abendland schriftliche Beschreibungen ihrer Sammlungen verfaßt haben; aus ihnen tönen noch die bewundernden Stimmen ihrer Besucher".[12] Allgemein üblich sind Name und Institution Museum seit dem 18. Jahrhundert, dem Zeitalter der Antikenbegeisterung. Doch Vorformen für beide gab es schon im Spätmittelalter und in der frühen Neuzeit. Damals wurden durch die Entdeckungsreisen neue Märkte erschlossen, und das Verlangen nach seltenen und exotischen Gütern stieg. Dies führte zu privaten Sammlungen vor allem von Adel und Klerus, den sog. Kunst- und Wunderkammern, die in erster Linie der Erbauung und dem Prestige des Besitzers, aber auch Forschungszwecken dienten. Die bekanntesten sind wohl die Sammlung der Medici in Florenz oder die von Kaiser Rudolf II. in Prag. Im Zusammenhang mit diesen, auch von wohlhabenden Privatleuten zusammengestellten Sammlungen, taucht der Begriff „Musaeum" erstmals als Bezeichnung für eine Sammlung von Portraits von Zeitgenossen bei Paolo Giovio (1483–1552) auf, einem Sammler, Historiker und Bischof.

Kindern räumte man im Mittelalter kaum Freiräume ein. Sie galten als Miniaturausgaben von Erwachsenen. Und Mädchen hatten in der Anerkennung hinter den Knaben zurückzustehen. Demnach kann Kindheit charakterisiert werden „als marginaler Status vor dem Eintritt in den ‚eigentlichen' Lebenslauf. Entsprechend beschränkt sich der Umgang mit dieser Altersgruppe auf die physische Absicherung des Lebens. In emotionaler Hinsicht bedeutet ein solcher vor-personaler Status, dass Kinder ... ohne ausgewiesene eigene Identität behandelt werden."[13]

Die frühe Moderne brachte nun Ideen hervor, die das Verhältnis zu Kindern neu fassten und für unseren Zusammenhang relevant sind. Um ihnen die (spätere) Teilhabe an der Welt zu ermöglichen, sollten Kinder nach besten Wissen und Möglichkeiten in sie eingeführt werden. Theoretische Entwürfe enthalten dabei im Kern auch so etwas wie Vorläuferkonzepte für Kindermuseen. So formulierte in Anlehnung an den Aufbau einer großartigen Wunderkammer der Dominikanermönch Tomaso Campanella zu Beginn des 17. Jahrhunderts die Utopie einer „Civitas Solis", eines „Sonnenstaates".[14] In diesem Gemeinwesen kommt der Erziehung eine wichtige Rolle zu. Ein Teil davon fand statt an den Mauern des Stadtstaates, die von den besten Künstlern bemalt waren und sämtliche Bereiche des Wissens umfassten. „Weltwissen", wie es ähnlich die Kindermuseen vermitteln wollen, wurde hier anschaulich dargeboten und zwar in einer eigens für Kinder geschaffenen Präsentation: „Die Lehrer erklären diese Bilder, und die Kinder eignen sich alle Wissenschaften mühelos und gleichsam spielend durch Anschauung an, noch ehe sie zehn Jahre alt sind".[15]

Konkreter und praxisorientierter war der „Orbis Pictus oder die sichtbare Welt" des fortschrittlichen Pädagogen Johann Amos Comenius. Dieses bebilderte Werk, Enzyklopädie und Sprachlehrbuch in einem, lieferte den Kindern zusätzlich eine Erklärung der Welt und ihrer Ordnung. Der „Orbis pictus" wurde zum vielfach nachgeahmten Klassiker; er erschien seit 1658 in über 250 Auflagen und war bis ins 20. Jahrhundert im Gebrauch. Unter „M" ist als Stichwort das Museum oder „Kunstzimmer" zu finden. Es zeugt davon, dass sich Schüler auch schon damals eine Vorstellung von dieser Einrichtung machen konnten, auch wenn nur wenige von ihnen wirklich eine solche besucht haben dürften. Anders dagegen August Hermann Francke, zwei Generationen jünger als Comenius: Er tat sich in Halle hervor durch die Gründung eines großen Waisenhauskomplexes, aus dem sich zahlreiche pädagogische und soziale Anstalten entwickelten. Aus Schenkungen von Missionsreisen entstand hier ab 1698 eine Kunst- und Naturalienkammer, die in erster Linie Unterrichtszwecken dienen sollte. Sie ist heute wieder rekonstruiert. Franckes Naturalienkammer enthielt u.a. eine Stein-, Pflanzen-, Tier-, Muschel- und Gemäldesammlung sowie eine große Anzahl von Modellen. Ihre besondere Attraktion aber war und ist ein ausgestopftes Krokodil. Dies wurde zum Maskottchen vom *Kindermuseum Krokoseum*, das über 300 Jahre später in den Franckeschen Stiftungen – einem besonders sinnfälligen Rahmen – als einem der ersten in den neuen Bundesländern eingerichtet wurde. Bei seiner Arbeit bezieht das Krokoseum auch die Kunst- und Naturalienkammer ein, die als „letzte vollständig erhaltene frühmuseale Sammlung aus der Barockzeit" gilt.[16]

2.2.2 Museumsgründungen der Neuzeit

Die ersten für eine gebildete Schicht öffentlich zugänglichen Museen wurden nach der Mitte des 18. Jahrhunderts als Fürstenmuseen in Rom und Florenz gegründet. Als frühestes öffentliches (staatliches) Museum gilt das British Museum in London, das seine Existenz dem Parlamentsbeschluss von 1752 verdankt. In der Folge ist dann ab 1769 mit dem Fridericianum in Kassel ein erster Museumsbau entstanden – heute Ausstellungsort u.a. der Documenta. Geöffnet war das Fridericianum an vier Wochentagen jeweils eine Stunde vor- und nachmittags, einmal davon sogar kostenfrei.

Große Impulse für die Museen als Bildungseinrichtungen auch für breitere Bevölkerungsschichten gingen von der französischen Revolution aus.[17] Öffentliche Führungen und freier Eintritt an bestimmten Tagen wurden ermöglicht und gleichzeitig die Grundlagen für die Anfänge der modernen Kunstwissenschaft gelegt. So versah man im Louvre die Exponate mit erklärenden Bildunterschriften. Die Wiener Galerie gehörte zu den ersten Museen, die schon mit der chronologischen Hängung und Ordnung nach Schulen begonnen hatten. Wobei der Begriff Galerie, abgeleitet von den Verbindungstrakten in Schlössern und Palästen, allgemein üblich wurde für Gemäldesammlungen. Damit wurden neue Wege der Didaktik beschritten: Der Besucher sollte

> **Nr. 691. Eine große Gemäldegallerie, 24 Zoll lang und 10 Zoll breit, mit mehr denn 30 sehr fleissig verfertigten Gemälden und verschiedenen Figuren. Der Saal wird wie obige Stücke, zusammengefügt, und dann hängt man die Mahlereien, welche alle numerirt sind, hinein; dieses macht Kindern viel Vergnügen. Kostet 4 fl. 30 kr.**

Abb. 3: Bestelmeier-Katalogtext zu Nr. 691

Abb. 4: Bestelmeier-Katalogtext zu Nr. 691

zu eigenem Schauen und Vergleichen angeregt werden, um es zu einer gewissen Kennerschaft zu bringen. Zugleich bildete sich ein Markt für Kataloge, Reiseführer, Lexika und Reproduktionen. Wie verbreitet dieses Bedürfnis nach Kunst und künstlerischen Produkten war, zeigt exemplarisch ein Blick in den Bestellkatalog des Spielzeug- und Galanteriewarenherstellers Bestelmeier. Er bot u.a. an: „Eine große gemahlte Gallerie".[18] Mit ihr hielten museale Werte Einzug in die Wohn- und Kinderstuben einer bürgerlichen Käuferschicht.

Bestand in der Erziehung die Rolle des Pädagogen zunächst darin, in die „große" Welt der Erwachsenen einzuführen, ändert sich die Einstellung allmählich. Wichtig erscheint nun auch die „kleine" Welt der Kinder. Ein Beispiel dafür bietet die neu etablierte Kinderliteratur. Es „... begann sich die Auffassung durchzusetzen, dass für Kinder am ehesten *die* Geschichten nachvollziehbar seien, die innerhalb ihres eigenen Erlebnishorizontes angesiedelt sind".[19] Es ist die Epoche, in der erstmals auch gefordert wird, Kindern das zu ermöglichen, „was ihnen ‚von Natur aus' zustehe: eine autonome, mit sich selbst glücklich übereinstimmende Kindheit".[20] Orientiert an den Ideen der Aufklärung und den Vorstellungen eines Jean-Jacques Rousseau, der auch von einer natürlichen Begabung zum bildnerischen Ausdruck bei Kindern ausging, praktizierten Philanthropen oder „Menschenfreunde" wie Johann Bernhard Basedow, Heinrich Wolke und Joachim Heinrich Campe ein Lernen durch Anschauung, zu dem auch praktische Tätigkeiten wie Modellbau und Gartenarbeit gehörten. Zugleich förderten sie den Einsatz von Bildern im Unterricht. So konzipierte Heinrich Wolke beispielsweise 1786 ein „Denklehrzimmer" mit Bildern aus allen Bereichen der Wissenschaft und forderte ein Naturalienkabinett mit Steinen, Muscheln etc. für „nützliche Knaben", um „viele nützliche Kenntnisse" zu gewinnen.[21] Die Anregung zu solchem Tun geht natürlich inzwischen auch an Mädchen. Mit ihrem Bezug zum Sammeltrieb von Kindern und selbstbestimmtem Lernen wirkt die Idee auffallend modern und wird bis heute ähnlich von den Kindermuseen umgesetzt bzw. von Lehrern nach einem Museumsbesuch weitergeführt (vgl. Kapitel 7.6).

Dem 19. Jahrhundert verdanken wir das bürgerliche Museum. Kunstmuseen wie das „Alte Museum" in Berlin (1830 eröffnet) sollten, in einer Formulierung seines Erbauers Schinkel, „zuerst erfreuen, dann belehren". 1846 war „zur Belehrung des Volkes, zur Verschönerung und Gesittung des Lebens" in Karlsruhe die Kunsthalle gegründet worden, die rund 130 Jahre später für eines der frühen deutschen Kindermuseen Raum zur Verfügung stellen sollte. In diesen Einrichtungen waren Kinder zugelassen, wenn auch nur in Begleitung Erwachsener. Wie die gemeinsame Betrachtung aussehen könnte, skizzierten die Herausgeber des „Knaben Wunderhorn" Achim von Arnim und Clemens Brentano.

Abb 5: J. B. Basedow, Elementarwerk für die Jugend, 2. Bd., 1724, Das Bild im Unterricht. Stich von Daniel Chodowiecki

In dem Dialog vor dem Gemälde „Mönch am Meer" von Caspar David Friedrich setzt der junge Besucher das Gesehene in Bezug zu seiner Erfahrung, der Erwachsene stellt den größeren Zusammenhang her.[22]

Einige der frühen Einrichtungen waren Universalmuseen mit einer großen Brandbreite an Objekten aus vielen Wissensbereichen. Nun entstanden aber auch Spezialmuseen wie nationale, ethnologische, historische, technische oder naturkundliche Museen. Mit diesen Gründungen stieg auch die Zahl der Einrichtungen. Gab es in Deutschland um 1835 ca. 15, waren es um 1900 bereits ca. 180 Museen.[23] Diese verdankten ihre Existenz teilweise einem aufkeimenden Patriotismus und wirtschaftlichen Prämissen. Deutschland stand als Wirtschaftsmacht im Schatten Englands und Frankreichs, das Bildungsniveau war gering. Die frühen Weltausstellungen mit ihrer Schau von Produkten zeigten deutlich das schlechte Abschneiden der Deutschen. Dies bildete einen Anstoß zur Gründung von Kunstgewerbemuseen. Die Präsentation handwerklich und technisch besonders herausragender Produkte sollte wie im Germanischen Nationalmuseum in Nürnberg (1852) oder dem Museum für Kunsthandwerk in Leipzig (Grassimuseum 1874)

Abb. 6: Moritz Daniel Oppenheim, Museumsbesucher, 1865, Museum Hanau, Schloss Philippsruhe

Vorbildcharakter haben und zur Geschmacksbildung und Fortbildung dienen. In diesen Zusammenhang gehört auch das „Deutsche Museum von Meisterwerken der Naturwissenschaft und Technik", kurz das Deutsche Museum, in München. Es wurde 1903 in der Absicht ins Leben gerufen, als „dreidimensionale Enzyklopädie" bei täglich 14 Stunden Öffnungszeit alle gesellschaftlichen Gruppen anzusprechen. Zu seinem 100. Jubiläum entstand hier mit dem *Kinderreich* die bisher größte interaktive Ausstellung auf dem Gebiet von Technik und Kommunikation für Kinder.

Fast zeitgleich mit der Eröffnung in Karlsruhe entwickelte der Pestalozzi-Schüler Heinrich Fröbel die klassischen „Spielgaben" wie Ball, Kreis und Kugel für Kinder von drei bis sechs Jahren. Er legte, in dem er dem Spiel der Kleinkinder besondere Bedeutung zumaß, die Grundlagen für eine angemessene Erziehung von Kindern im Vorschulalter. Das sind Vorstellungen, auf die u.a. auch noch Maria Montessori zu Beginn des 20. Jahrhunderts in Italien zurückgriff. Dabei war zu Fröbels Zeiten nicht Spiel, sondern Arbeit bittere Realität, wie u.a. Fabrik- und Schulordnungen sowie autobiografische Berichte bezeugen.[24] Kinder schufteten in Bergwerken und Fabriken, sie wurden zu schwerer Haus- und Landarbeit herangezogen. Um ihre Chancen zu verbessern, forderte der englische Sozialist Owen um Mitte des 19. Jahrhunderts eine ganzheitliche Erziehung, die ausdrücklich auch die museale Bildung einbezieht: „... auf Spielplätzen und Feldern, in Gärten, in Werkstätten und Fabriken, in Museen und Klassenzimmern."[25]

2.2.3 Kinder im Museum und in Kindermuseen

Doch es sollte noch eine Weile dauern, bis die, wie die schwedische Soziologin Ellen Key sie nannte, „Bildungsmittel von Museumsbesuchen"[26] möglichst Vielen zugänglich wurden. Keys Postulate und ihre idealistische Forderung, das 20. Jahrhundert zu dem des Kindes auszurufen, wurden vor dem Hintergrund von Reformpädagogik und Kunsterzieherbewegung getätigt, die neue Zeichen setzten. Als Wegbereiter erwies sich dabei der italienische Kunsthistoriker Corrado Ricci mit seiner wissenschaftlichen Würdigung der Kinderzeichnung. 1887 erschien sein viel beachtetes Buch „L'Arte dei bambini".[27] Formen kindlicher Kreativität erhielten eine große Aufwertung und wurden in Bezug zur Kunst gesetzt. 1898 fand dann in der Hamburger Kunsthalle die Ausstellung von Kinderzeichnungen „Das Kind als Künstler" statt. Zum Direktor der Kunsthalle war 1886 der frühere Lehrer Alfred Lichtwark berufen worden. Fast zeitgleich mit der Gründung des ersten

Kindermuseums in Amerika (siehe Kapitel 2.1), stärkte er die Zusammenarbeit zwischen Schule und Museum und praktizierte Lehrerfortbildung und Unterricht vor den Originalen. Lichtwarks Credo, der als Begründer der Museumspädagogik anzusehen ist, lautet: „Besonders am Herzen liegt es uns, die Schulen heranzuziehen".[28]

Einen weiteren Schritt markierten dann die Jahre nach dem Ersten Weltkrieg. Nach Vorläuferprojekten in verschiedenen Museen richtete 1939 Adolf Reichwein, der der Reform- und Arbeitsschulbewegung nahe stand, im Berliner Museum für Volkskunde die Abteilung „Schule und Museum" ein. Er realisierte Schulausstellungen, die bis heute als vorbildlich gelten, und organisierte die Fachtagung „Schule und Museum". Auf ihr wurden Forderungen laut nach der Gründung von Schulmuseen und nach der Einstellung von „Museumslehrern", also Museumspädagogen.

Nach der Phase der Gleichschaltung durch den Faschismus nutzte zunächst ein weitgehend bildungsbürgerlich orientiertes Publikum die Museen. Erst in den 1960er Jahren setzte, ausgelöst von einer allgemeinen Bildungskrise in Deutschland und einem rasanten Besucherschwund, ein Umdenken ein. Diskussionen auf internationaler Verbandsebene führten zu Forderungen nach verstärktem pädagogischen Engagement – auch in Hinblick auf die Bedeutung von Kindermuseen. Um die Krise auf nationaler Ebene zu meistern, wurden in Berlin, Köln und Nürnberg Zentren für die neu sich etablierende Museumspädagogik geschaffen. Mit dem Ziel, nicht nur den aktuellen Notstand zu beheben, sondern auch nachhaltig um Besucher zu werben, wurden Programme für junge Leute in der Hoffnung entwickelt, sie und ihre Kinder könnten die Besucher von morgen stellen. So wurden u.a. freie Kinderkurse angeboten, eine Zusammenarbeit zwischen Schule und Museum angestrebt und das Museum als Lernort propagiert nach dem Motto: „Es kommt der Qualität des Schulunterrichtes zugute, dass hier (gewissermaßen auf neutralem Boden) neue oder andere Formen des Lernens erprobt werden können.[29]

Doch vollzogen sich diese Entwicklungen nur langsam. 1970 strebten nur 29 Museen die Zusammenarbeit mit Schulen an, 1972 waren es immerhin zehn mehr. Und von 574 Museen in der BRD hatten im Jahr 1973 nur 18 Prozent einen Raum für Unterrichtszwecke, allein 12 Prozent konnten einen Werkraum nutzen.[30]

Diese Veränderungen geschahen vor dem Hintergrund der Umbrüche der 1968er Jahre, die wesentliche Impulse setzten. In ihrer Folge ist die Bedeutung von Kindheit und Pädagogik unter anderem dank der Forschungen von Philippe Ariès neu definiert worden. Kindern wurde eine gewisse Eigenständigkeit zugesprochen, Freiräume wurden eingeräumt, und Kindheit wurde zum wichtigen Forschungsgegenstand erhoben. Richtungsweisend waren dabei die Arbeiten der Marburger Kulturanthropologin Ingeborg Weber-Kellermann. Zugleich setzten sich Eltern für eine „Kinderladenbewegung“ ein, die Gesamtschuldebatte erhitzte die Gemüter und eine Ganztagsbetreuung wurde diskutiert, um im Bildungsbereich die Chancen auch von sozial schwächeren Schülern zu stärken. Eine freche Musik- und Theaterszene hatte sich gebildet und es gab erstmals feste Kinderkino-Termine. Beim Kinderfernsehen holten Ernie und Bert von der „Sesamstraße“ oder die

Abb. 7: Museumspädagogik, Gemäldegalerie, Berlin-Dahlem, vor 1970

„Sendung mit der Maus“ auch die Erwachsenen regelmäßig vor die Bildschirme. Und in der Kinderliteratur warb beispielsweise der „Anti-Struwwelpeter“ des Zeichners F.K. Waechter für selbstbewusste Kinder. Autoren wie Peter Härtling, Paul Maar und Christine Nöstlinger standen für realitätsbezogene und zugleich fantasievolle Geschichten. So machten sich die Kinderliteraten zum Anwalt von Kindern, sie versahen ihre „Wunschfiguren“ mit Zügen voller „Selbstbewußtsein und Aufmüpfigkeit, voller Vernunft und Weitblick, voller Güte und Solidarität“.[31]

Diese Autonomiebestrebungen wurden begleitet von einer heftigen Debatte um die Existenzberechtigung einer eigenständigen Kinderkultur – häufig im Erscheinungsbild eines Scheingefechtes. Die Skeptiker argumentierten mit der Gefahr einer Abschiebung von Kindern in eigene Kindergettos. Die Befürworter neigten gelegentlich dazu, das kindliche Potenzial an Eigenständigkeit, Neugier und Kreativität zu überschätzen. In diesem Klima reiften die Pläne, die dann ab 1970 zur Gründung der ersten deutschen Kindermuseen führten.

3. Begriffsbestimmung

3.1 Vom Museum zum Kindermuseum

Mit ihrer Existenzberechtigung verbinden Museen seit alters her vier Dinge:

1. Sie dienen der Sammlung von Gegenständen.
2. Sie konservieren und bewahren diese.
3. Sie haben die Aufgabe, die in ihnen verwahrten Objekte und Gegenstände wissenschaftlich zu erforschen.
4. Es ist ihre Bestimmung, diese Werte einem Publikum zu präsentieren und zu vermitteln.

Den meisten der Museen haftet trotz mancher Reformbemühungen noch immer die Aura eines „Musentempels“ an, der im Sinne des Romantikers Wackenroder bei den Besuchern Erbauung und sittliche Läuterung wecken soll.[32] Dabei spielt die Präsentation oder die Ausstellung eine zentrale Rolle. „Als Trägerin von Informationen und Vermittlerin von Erkenntnissen ist die museale Ausstellung ein Medium, das zur Konstruktion von Wirklichkeitsbildern beiträgt und durch seine Ausrichtung auf die Besuchenden bewusstseins- und meinungsbildenden Charakter hat. Jede Ausstellung ist demnach in zeittypische gesellschaftliche Werte eingebunden und von Fragestellungen und wissenschaftlichen Erkenntnissen der jeweiligen Zeit geprägt. Die Differenzierung der Sammlungsbereiche sowie die Systematisierung stehen immer in unmittelbarem Zusammenhang mit der jeweiligen Bezugswissenschaft. Ausstellungen gehören zum System der kulturellen Überlieferung, in dem Überreste gefiltert werden. Sie spiegeln kollektive Wertschätzungen wider und wirken im selben Augenblick an deren Gestaltungsprozess mit. Damit werden Ausstellungen zu ‚Sinnagenturen der Moderne‘, die durch die Auswahl der zu sammelnden Gegenstände und die Art der Präsentation in den Ausstellungen Bilder von Geschichte konstruieren und damit unter dem Aspekt der ‚doppelten Historizität‘ gelesen werden sollten“.[33]

Das bedeutet aber auch, dass die meisten der Museen immer noch vor allem als Lernorte für speziell vorgebildete Erwachsene gelten müssen, die lediglich die Einwegkommunikation und stille Betrachtung erlauben. Auf die Bedürfnisse junger Menschen ist das Museum nicht ausgerichtet. Auch die vielerorts entstandenen Neubauten mit ihrer starken Ästhetisierung und den teilweise komplexen Informationssystemen sind für Kinder kaum attraktiv, schon gar nicht traditionelle Häuser. Sie verlangen ihnen die Unterdrückung von Motorik und den Verzicht auf eine spielerische Aneignung von Wirklichkeit ab. Mit ihren langen Treppenfluchten, den samtbespannten Wänden, einer an den Sehweisen und Vorlieben der Erwachsenen orientierten Präsentation und einem auf die Sicherheit der Objekte ausgerichteten Personal bieten sie keine kindgerechte Atmosphäre. Eine Tatsache, die Andy Warhol 1983 zu seiner speziellen Kinder-Schau der „Toy Paintings" inspirierte, bei der seine Siebdrucke mit Motiven von Spielzeug aus fernöstlicher Produktion in Augenhöhe von Kindern präsentiert wurden.[34]

3.2 Kindermuseen sind Zielgruppenmuseen

Was unterscheidet nun ein Kindermuseum von einem traditionellen Museum?

Trotz ihrer wachsenden Akzeptanz wird auf Kindermuseen gelegentlich mit Staunen reagiert. Die Idee scheint erklärungsbedürftig zu sein, und so wird gelegentlich halb im Scherz, halb ernsthaft gefragt, ob denn hier etwa Kinder ausgestellt werden? Womit das Kindermuseum ein Museum wäre, in dem Erwachsene etwas über Kinder, ihre Vorlieben, Verhaltensweisen, Eigenheiten erfahren. Warum nicht? Doch die ur-

Abb. 8: Eigenes Kreatives Tun, Museum in Berlin-Dahlem, 1970

sprüngliche Bedeutung war eine andere. Entstanden in Amerika, heißen sie dort üblicherweise „Children's Museum". Sie können charakterisiert werden als

> ... Ort zwischen Kindergarten und Disneyland. In ihm werden Spiel- und Lernsituationen für Kinder, Jugendliche und Eltern so angeboten, dass Lernen Spaß macht. Im Zentrum dieses Lernens steht der selbstbestimmte Umgang mit den Dingen – das Ausprobieren, Forschen, Entdecken und Vergleichen. Es ist ein Lernen mit allen Sinnen. Jede Einheit, jede Ausstellung ist ein lebendiges Experimentier- und Erfahrungsfeld. Das Kindermuseum ist der Versuch, die komplizierte Welt, das Leben und die Kultur für Kinder verständlich zu machen. Ein Kindermuseum ist auch so etwas wie ein begehbares Lexikon ...[35]

Nach Gabriele König, der Leiterin der *Kinder-Akademie* in Fulda, dem ersten autonomen Kindermuseum in Deutschland, liegt der entscheidende Unterschied darin, „dass Kinder- und Jugendmuseen keine *Spartenmuseen*, sondern *zielgruppenorientierte Museen* sind. Die zentrale Kategorie des traditionellen Museums ist die Sammlung. Als zielgruppenorientierte Kulturorte halten Kinder- und Jugendmuseen zwar an der Museumstrias *Sammeln, Erforschen, Vermitteln* fest, bewerten sie jedoch anders.

Nicht dem Sammeln und der Sammlung kommt hier die zentrale Rolle zu, sondern dem *Aspekt der Vermittlung*."[36] Das bedeutet: Aus-

Abb. 9: Blick in das Children's Museum, Boston, 1992

gangspunkt bei der Arbeit im Kindermuseum ist nicht so sehr das Objekt oder der Sammlungsgegenstand wie bei den herkömmlichen Museen, sondern das Subjekt, also das Kind oder die Kinder, für die hier Ausstellungen und Angebote realisiert werden. Die Fragen: Was könnte die kleinen Besucher interessieren? Was für sie wichtig sein? stehen immer im Vordergrund.

Dieser übergeordnete Gesichtspunkt ist der Schlüssel für Themenfindung, für Auswahl und Präsentation der Objekte. Einer Einwegkommunikation im „großen“ Museum setzt das Kindermuseum „Ausstellungen mit einem offenen Lernkonzept“ entgegen. Es will den jungen Besuchern ermöglichen, „aktive Regisseure eigenen Lernens“ zu sein.[37] Ziel ist laut Wolfgang Zacharias, Theoretiker der ästhetischen Erziehung und Mitbegründer des *Münchner Kinder- und Jugendmuseums*, das „Herstellen von Welterfahrung, von Weltbildern“. Es wird gewonnen „durch Selbermachen, Experimentieren, Herumprobieren, Spielen. In der deutschen Sprache ist dies in den Doppeldeutigkeiten des ‚Begreifens‘, ‚Erfassens‘ und ‚Berührens‘ angelegt, und in der dialektischen Wortverwandtschaft von Sinn und Sinnlichkeit“.[38]

3.3 Formen von Kinder- und Jugendmuseen

Waren die ersten Kindermuseen noch „Kinder“ von Erwachsenenmuseen, besteht nach inzwischen mehr als 30 Jahren Praxis eine große Vielfalt an Modellen (vgl. den Katalog der Kinder- und Jugendmuseen im zweiten Teil dieses Bandes, Kap. 9.3). Im Wesentlichen lassen sich drei Formen unterscheiden:

3.3.1 Kinder- und Jugendmuseen als ständige Einrichtungen

Hier können ein eigenes Haus oder wenigstens eigene Räume in Anspruch genommen werden. In der Bundesrepublik fallen unter diese Rubrik u.a.:

- das *MACHmit! Museum für Kinder* in Prenzlauer Berg in Berlin
- das *ATLANTIS* in Duisburg
- die *Kinder-Akademie* in Fulda
- das *Krokoseum* in Halle
- das *KL!CK Kindermuseum* in Hamburg
- das Kindermuseum *KLIPP KLAPP* in Oelde
- das *Kinder- und Jugendmuseum* im Bahnhof in München
- das *Kinder- und Jugendmuseum im Kachelbau* in Nürnberg. Es verfügt, wie häufig im Vorbildland Amerika, über eine eigene Sammlung.

Abb. 10: Innenansicht vom Krokoseum *in Halle/Saale, 2004*

3.3.2 Kinder- und Jugendmuseen, die zu einem Museum gehören

Da sich daraus in der Regel besondere Vorgaben für die Schwerpunktsetzung der Arbeit ergeben, ist zu unterscheiden, zu welcher Museumsgattung das Kindermuseum gehört. Sie befinden sich:

- wie das *Junior-Museum* in Berlin/Dahlem, das als das älteste in Deutschland gilt, in einem *ethnologischen Museum,*
- wie das *Kindermuseum des Historischen Museums* in Frankfurt/M., das *Junge Museum* in Speyer, das *Kinder- und Jugendmuseum Lipsikus* in Leipzig in *historischen und stadtgeschichtlichen Museen,*
- wie die frühere *Kindergalerie* im Bodemuseum Berlin/Ost, das *Kindermuseum der Kunsthalle Karlsruhe* oder das *Kindermuseum im Wilhelm Lehmbruck Museum* in Duisburg in einem *Kunstmuseum,*
- wie das *Kinderreich* im Deutschen Museum München oder das *Lern- & Spaßlabor* in Nürnberg und, geplant, das *Kindermuseum im Landesmuseum für Technik und Arbeit* in Mannheim in *technikgeschichtlichen Museen,*
- wie die Kindermuseen im Klingenmuseum in Solingen, im Winckelmann-Museum in Stendal und im Deutschen Hygiene-Museum in Dresden in *Spezialmuseen.*

Abb. 11: Spiel- und Spaßlabor in Nürnberg, 2005

3.3.3 Mobile Kinder- und Jugendmuseen

Diese Initiativen machen mit zeitlich begrenzten, organisierten Aktivitäten für Kinder auf sich aufmerksam, die weitgehend im Kreativbereich angesiedelt sind. Lerneinheiten werden zusammengestellt oder Mitmachausstellungen an verschiedenen Orten wie in Fabrikhallen oder Schulen realisiert. Die Gründung einer festen Einrichtung ist dabei meist angestrebt. Sie kann, muss aber nicht, geschehen in Anbindung an eine bereits bestehende Einrichtung der Kinderkultur wie beispielsweise an eine Kinderkunstschule oder ein Kindertheater. Wunschvorstellung ist allerdings vielerorts das autonome Kindermuseum.

Für diesen Typus stehen u.a. die Vereine:

- *Neues Universum* in Berlin
- *Prokik mobiles Kindermuseum* Braunschweig
- *Kreative Kinderwerkstatt – Kindermuseum* in Halle
- *Museum unterwegs Meißen*
- *exploratorium Kinder- und Jugendmuseum* Stuttgart
- *Löwenstarke Stöberkiste Weimar*
- *AHA-ERLEBNIS* Wolfenbüttel

4. Erste Initiativen

4.1 Gründungen in Berlin und Karlsruhe

Nach der Übersicht über die inzwischen auch in Deutschland zahlreich und in vielerlei Form existierenden Kinder- und Jugendmuseen folgt nun ein kleiner Rückgriff auf die Anfänge, in dem etwas ausführlicher als im Katalog der Kinder- und Jugendmuseen (Kap. 9.3, 9.4) möglich, auf die frühen Kindermuseen eingegangen wird. Diese Rückbesinnung verdeutlicht Motive und Vorgehensweisen, zeigt aber auch die Schwierigkeiten auf, mit denen die Gründungsmütter und -väter der noch jungen Spezies Kindermuseum zu kämpfen hatten – Beschränkungen, die z.T. bis heute gelten. Zum anderen soll mit diesem Rückgriff der Vorbildcharakter der noch jungen deutschen und benachbarten europäischen Kindermuseen unterstrichen werden. Es herrschten Aufbruchstimmung und Experimentierfreude. Pädagogische Impulse wurden in die im Werden begriffene Museumspraxis eingebracht und Ausstellungen realisiert, die von großer Originalität und Kreativität zeugten. Kindermuseen wie das Frankfurter im Historischen Museum oder das *Het Junior* in Amsterdam haben Maßstäbe für die nachfolgenden Initiativen gesetzt und haben bis heute eine Vorbildfunktion.

Die frühen Kindermuseen waren in enger Bindung an ein „Muttermuseum" entstanden. Sie wurden von Kustoden initiiert, die ihre Häuser für breitere Besucherschichten öffnen wollten und dafür eintraten, dass entsprechende Räume und Ressourcen für die Arbeit mit Kindern bereit gestellt würden.

Sie setzten dabei auf zwei Schwerpunkte: Die Inszenierung von Objekten in Ausstellungen und die Aneignung von Inhalten durch eigenes kreatives Tun der Kinder. In Berlin leistete die Ethnologin Brigitte Menzel Pionierarbeit. Sie hatte sich bei einem Amerikabesuch von den dort realisierten Modellen faszinieren lassen und setzte sich nun für die Gründung eines *Junior-Museums* ein. Von den Entscheidungsträgern mit Skepsis beurteilt und bescheidener als von ihr vorgesehen, erhielt es 1970 seinen Platz im Neubau des damals noch als Völkerkunde-Museum bezeichneten Ethnologischen Museums in Berlin-Dahlem. Das von ihr initiierte erste deutsche Kindermuseum bestand aus zwei Räumen im Untergeschoss:

Ein kleinerer Raum (56,77 qm) steht für Wechselausstellungen zur Verfügung. Er hat Vitrinen, die sich bei Bedarf leicht öffnen lassen. Auf einem großen Teppich in der Mitte des Raumes können sich die Kinder während einer Führung setzen (der Teppich soll außerdem verhindern, dass eventuell hinfallende Gegenstände beschädigt werden). Die Leseecke enthält den Grundstock einer Handbibliothek für Kinder und Erwachsene. (...) Der größere Raum (74,20 qm) enthält alle notwendigen Einrichtungen zum Basteln: große Waschbecken, Regale, in denen angefangene Arbeiten aufbewahrt werden können, Wandschränke für Material und Werkzeuge, eine Vorrichtung zur Projektion von Diapositiven und einen Vitrinenkomplex, in dem entweder zusätzlich zur Ausstellung im Nebenraum Objekte gezeigt oder Arbeiten der Jugendlichen ausgestellt werden können. Das gesamte Mobiliar ist beweglich: Tische und Hocker können zusammengeklappt werden ...[39]

In Karlsruhe hatte Anne Reuter-Rautenberg schon kleinere didaktische Kinder-Ausstellungen verwirklicht, wie sie in Amerika auch schon seit längerem üblich waren. Außerdem hatte sie für einen Mal- und Bastelraum im Untergeschoss des Museums gesorgt. Seit Sommer 1973 standen nun circa 120 m² Ausstellungsfläche für ein Kindermuseum zur Verfügung. Es war das erste, das zu einem Kunstmuseum gehörte und ist bis heute das einzige, das keine abgeschlossenen Räume für sich in Anspruch nimmt. So ist es von allen Seiten einsehbar und wurde in die Orangerie mit Malerei des 20. Jahrhunderts integriert.

Dieses „offene" Konzept erntete nicht nur Lob. Geplant in der Hoffnung auch auf eine Verlebendigung des Erwachsenen-Museums, stieß es auf Kritik bei den Konservatoren, die sich um den Objektschutz sorgten, während einige Besucher der Kinderlärm störte. Anne Reuter-Rautenberg 1978 über die Arbeit dort:

In der Tat ist das Kindermuseum für uns eine Art museumspädagogisches Experimentierfeld, in dem man uns mehr Spielraum zugesteht als im übrigen Museum. Wir versuchen ihn zu nutzen – durchaus in Hinblick auf die zukünftigen Veränderungen in der Ausstellungspraxis in der ständigen Schausammlung. Die Ausstellungen im Kindermuseum haben unterschiedliche Schwerpunkte; bald sind sie mehr kulturgeschichtlich ausgerichtet oder begeben sich in den Grenzbereich zur Naturkunde, bald sind sie problemorientiert im Sinne kindlicher Erfahrungen und Konflikte, wieder andere Ausstellungen sind hauptsächlich Aktions- und Kreativitätsangebote.[40]

4.2 Das Frankfurter Kindermuseum

Die Gründung des Frankfurter Kindermuseums setzte Standards. Es erlangte schnell Publizität und diente vielen der Folgeeinrichtungen als Vorbild und Beispiel.[41] Bei seiner Eröffnung im Jahr 1972 war die Idee allerdings noch so neu, dass Erklärungsnotstand herrschte: Es handele sich, so die Initiatoren Detlef Hoffmann und Almut Junker, um eine Spiel- und Lernstube oder um „einen modernen Kindergarten, für dessen Arbeit sich aus der räumlichen Verbindung mit dem Historischen Museum besondere Möglichkeiten ergeben". Pädagogisches Ziel sei „eine Förderung der Kreativität, der Fähigkeit kritischer Auseinandersetzung und damit eine Emanzipation."[42] Ins Leben war es gerufen worden in Verbindung mit der Neukonzeption des Historischen Museums. Mit ihr sollte der formale Anspruch des bürgerlichen Museums eingelöst werden, für „Alle" öffentlich zugänglich zu sein. Damit hielten unter Kulturdezernent Hilmar Hoffmann Themen der Sozialgeschichte Einzug ins Erwachsenen-Museum, dargeboten mit erklärenden Texten, welche die Objekte in einen größeren Kontext einbanden – eine Präsentation, die Zeichen setzte.

Da aber das neue Haus auch Kindern offen stehen sollte, wurden erst Mal- und Aktionsräume, später dann noch Ausstellungsräume geschaffen. Die erste Schau zeigte historisches Spielzeug und Gegenstände, die der Erfahrungswelt von Kindern vertraut waren und sich den Bereichen Arbeiten, Wohnen, Verkehr und Medien zuordnen ließen. Ergänzt wurden sie durch Grafiken und Fotos, die nicht nur die bürgerliche Familie, sondern auch proletarische Kinderarbeit dokumentierten. Ab 1976 folgten dann Mitmach-Ausstellungen, an deren Realisierung auch

Abb. 12: Einladung zum 30. Jubiläum, 2002

Abb. 13: Robinson im Main, 1978

Kinder beteiligt waren. Bei der ersten ging es um den Struwwelpeter, der in Frankfurt das Licht der Welt erblickt hatte, danach folgte die Ausstellung „Schulgeschichten". Als richtungsweisend im Bemühen, das Kindermuseum zu einem alle Sinne ansprechenden und weitgehend von ihnen autonom zu nutzenden Erlebnisraum für Kinder zu gestalten, erwies sich der „Robinson", der 1978 vom Designer und Theatermann Melchior Schedler als tiefblaue ozeanische Meereslandschaft mit einer begehbaren Insel darin gestaltet wurde.

Robinson stand für einen Helden, von dessen Abenteuern ganze Generationen von Kindern träumten. Seit Campes vom Geist der Aufklärung geprägten Fassung eines „Lesebuchs für Kinder" aus dem Jahr 1979 (vgl. Kapitel 3.1) ist das Thema immer wieder neu (nicht nur) von den Kindermedien aufgegriffen worden. Robinson war von zu Hause fortgelaufen, hatte auf einem Schiff angeheuert und wurde zum Schiffbrüchigen. Auf seiner Insel gestrandet durchlief er gewissermaßen den Prozess der Zivilisation zum zweiten Mal. Dabei spielte der „Wilde" Freitag eine große Rolle. Er wurde in der Ausstellung als Vertreter jener Völker dargestellt, denen die Eroberer aus Europa mit der fremden Lebensart die Zerstörung ihrer eigenen Kultur brachten. Entsprechend wurde unter Palmen mit originalen völkerkundlichen Objekten und mit Abfällen und Blechteilen ein Szenario errichtet, das an die Armenviertel in Drittweltländern erinnerte. Robinson begegnete dem „Wilden" Freitag erst als Herr und Lehrmeister, später wurde er sogar so etwas wie ein Freund. In der Schau erhielt er, der „geläutert" von seinen Reisen heimkehrte, ein Kontor. Das zeigte neben Möbeln, Rechnungsbüchern und seinen Schreibutensilien fernöstliche Gewürze und Güter aus den Tropen, eben jene Dinge, die ursprünglich den Reichtum und die Faszination dieser Länder ausmachten. Insgesamt stellte die Ausstellung ein ästhetisch ansprechendes Environment dar, welches von der Identifikation der kindlichen Besucher ausging, sie neugierig machte, Spaß bereitete, der Fantasietätigkeit und Entdeckerfreude Freiräume bot und zugleich einen ungewohnten Blick auf Geschichte ermöglichte. Lernen war mit dem Angebot verbunden, selbstständige Schlüsse zu ziehen, andere Handlungsmuster als die allgemein üblichen zu entwickeln. Bei Aktionen mit Schulklassen und Gruppen wurde dies noch weiter vertieft und die bisher bekannte Handlung im Rollenspiel variiert: Dann war es Freitag, der Robinson in seine Welt einführte und ihn „erzog".[43]

4.3 Ein Ausflug in die Nachbarländer

Mit den angezeigten Entwicklungen hielt auch die europäische Kindermuseumsszene stand. 1976 gründete Kathleen Lippens in Brüssel ihr Kindermuseum mit der Intention, Kindern Orientierungshilfe beim Erwachsenwerden zu bieten und zugleich Verständnis für andere zu wecken. Ein Jahr später folgte, nach Vorläuferinitiativen Ende der 1960er Jahre in Marseille, Dijon und Paris, das Vorzeigeprojekt *Ateliers des Enfants* im Centre Pompidou, ebenfalls in Paris. Hier ging es bei 1000 m^2 Raum und bei anfangs 500 Kindern pro Tag um deren Zugang zur modernen Kunst und um die Förderung der Kreativität.[44] 1983 wurde dann in Großbritannien mit der Planung für das Kindermuseum in Halifax/Yorkshire begonnen: Neun Jahre später eröffnete es mit 4500 m^2 als größtes europäisches Kindermuseum seine Pforten.[45]

Auch beim Amsterdamer Tropenmuseum, einem Museum für Völkerkunde, hatte, wie in großen Teilen der Gesellschaft überhaupt, ein Prozess des Umdenkens stattgefunden. Die Rolle Hollands als bedeutender Kolonialmacht wurde problematisiert, das Verhältnis zur Dritten Welt neu definiert. *Het Junior*, das Kindermuseum am Tropenmuseum, entstand 1975. Es ist dank seiner innovativen Vermittlungsmethoden historischer Zusammenhänge wohl das europäische Kindermuseum, welches am meisten als Vorbild wirkte und die noch junge Arbeit in Deutschland beeinflusste. Auch im Juniormuseum ging es um die Wechselbeziehungen zwischen alter und neuer Welt und damit um die Rolle Hollands zu seinen Kolonien. Dabei wurde ein Konzept verwirklicht, das sich, an der Theaterpädagogik orientiert, vor allem an Gruppen wandte und relativ personalintensiv war. Als Voraussetzung galt die Vorbereitung in der Schule. Dafür standen umfangreiche Materialien bereit, die für die jeweilige Ausstellung vom Team des Het Junior erarbeitet worden waren. Beim Besuch im Kindermuseum, der sich über einen Vormittag erstreckte, wurde dann die jeweilige Klasse in Gruppen unterteilt und von je einem Betreuer begleitet. Die Ausstellung wurde damit gewissermaßen zu einer Bühne, die die Aufbauten und Requisiten für das Spiel der Akteure bereithielt. Die Gegenstände dazu stammten aus dem „Muttermuseum", von Flohmärkten oder waren bei vorbereitenden Reisen mitgebracht worden. Wertvolle originale Exponate waren u.a. durch Glas geschützt in die Bereiche integriert. Auf diese Weise wurde das Museumsgut quasi zurückgegeben in das ihm zugehörige soziale und kulturgeschichtliche Umfeld und diente als „Folie" für ein Simulationsspiel. Henk Jan Gortzak, langjähriger Leiter des *Het Junior*, 1978 in einem Referat zu diesem Spiel:

> Wir versuchen, den Kindern die Gelegenheit zu geben, sich durch die verschiedenen, konkret möglichen Aktivitäten in die verschiedenen Rollen und Situationen einzuleben. (...) Diese Aktivitäten sollen den Kindern soweit wie möglich Erlebnisse vermitteln, wodurch sie sich ein wenig vorstellen können, wie ein solches Leben in Wirklichkeit aussieht.[46]

So entstand, um beispielsweise die Situation der Inkas am eigenen Leib erfahrbar zu machen, in der Ausstellung über Indianer ein kleines Bergwerk, durch dessen Stollen sich die jungen Besucher hindurcharbeiten mussten. Und in der Marokko-Ausstellung stellten die Kinder Ziegel aus Ton für den Hausbau her, kochten afrikanisch oder lernten auf Instrumenten der Einheimischen musizieren. Dies ermöglichte eine starke Identifikation und damit einen lebendigen Zugang zu einer den Schülern bislang fremden Welt.[47] Zugleich, so die Hoffnung, sollten die Grundlagen geschaffen werden für ein solidarisches Zusammenleben mit den Fremden in ihrer neuen Heimat Holland.

5. Vereine und freie Träger

5.1 Vom Segen der Vereinsarbeit

Wer ein Kindermuseum von innen gesehen und Kinder dort bei ihren vielfältigen Aktionen beobachtet hat, ist in der Regel nicht nur von dessen Existenzberechtigung überzeugt, sondern zeigt sich begeistert. Diese Begeisterung kann mitreißen. So kam es, dass Gründungsinitiativen nicht mehr allein, wie in der Frühphase noch üblich, von den Museen ausgingen. Vielmehr setzten sich seit Ende der 1970er Jahre auch Bürgerinitiativen und Vereine für die Gründung eines Kindermuseums in ihren Heimatorten ein. Da das Fernziel – ein eigenes Haus oder das autonome Kindermuseum – natürlich nicht aus dem Stand zu realisieren war, wurden auch andere Formen ausprobiert. Diese bestanden aus:

1. temporären Mitmach-Ausstellungen,
2. zeitlich begrenzten Aktionen im Stadtteil,
3. mobilen Aktionen.

Abb. 14: Logo vom Verein Mobiles Kindermuseum Vahrenwald, Hannover

Abb. 15: Flyer des MACHmit! Museums für Kinder, Berlin Prenzlauer Berg, 2003

So wurden, überzeugt von der guten Idee, eine Anzahl engagierter Bürger auf vielerlei Weise aktiv. Mitglieder und Sprecher von Vereinen sind vorstellig geworden bei Kulturpolitikern und Mäzenen, warben in der Öffentlichkeit mit Pressekampagnen und Podiumsdiskussionen für ihre Projekte und sorgten letztendlich für die Demokratisierung von Kultur für Kinder. Für die Umsetzung ihrer Ideen nutzten sie neben Eigenkapital, das aus Mitgliedsbeiträgen zusammenkam, Spendengelder und Zuschüsse der Öffentlichkeit – vor allem im Bereich von ABM-Maßnahmen. Einige von ihnen mussten aufgeben, doch vielen gelang es dank großer Beharrlichkeit und jahrelangem Einsatz, eine ganze Anzahl von Projekten zu verwirklichen.

So haben quantitativ und auch qualitativ die „freien" Kindermuseen aufgeholt, und die entwickelten Lösungen können sich sehen lassen. Die meisten von ihnen zogen in vorhandene Räume ein. Dabei wurden interessante architektonische Formen gewählt. Das kann wie beim *MACHmit! Museum für Kinder!* im Berliner Bezirk Prenzlauer Berg eine neogotische Kirche sein, oder, ebenfalls in Berlin, wie beim *Kindermuseum Labyrinth* eine umgebaute Fabrikhalle. Zugleich stellen die autonomen Kindermuseen heute mit dem *ATLANTIS* in Duisburg und der *Kinder-Akademie* in Fulda die größten und personalintensivsten Einrichtungen. Darin sind Mitmachbaustellen, Medienwerkstätten, Labors und Solaranlagen installiert, an denen Kinder Erfahrungen machen können. Eigene Cafeterien, Shops, Pausenräume, freundliches und vor allem geschultes Personal sorgen dafür, dass der Aufenthalt so angenehm wie möglich verläuft.

5.2 Warum sich engagieren?

Gründe, in ein Projekt Kindermuseum zu investieren, gab und gibt es genug:

- *Grund eins* hat mit der Einsicht in die Notwenigkeit einer frühzeitigen Förderung von Kindern zu tun. Sie ist wichtig für die Persönlichkeitsentfaltung des Menschen bis ins hohe Alter hinein. Eine Annahme, die fortschrittliche Pädagogen schon seit Pestalozzi vertreten haben und die in den letzten Jahren durch die Ergebnisse der neueren neurologischen Forschung bestätigt wurde. Kindermuseen vermögen bei diesem Prozess eine wichtige Rolle zu spielen, während die meisten traditionellen Museen dabei einen weniger bedeutenden Part übernehmen. Sie sind häufig wenig anziehend für die Zielgruppe Kinder und erwecken teilweise sogar den Eindruck von Kinderfeindlichkeit.
- *Grund zwei* basiert auf folgender politischer Argumentation: Solange Kinderbelange in unserer Gesellschaft vernachlässigt werden (woran

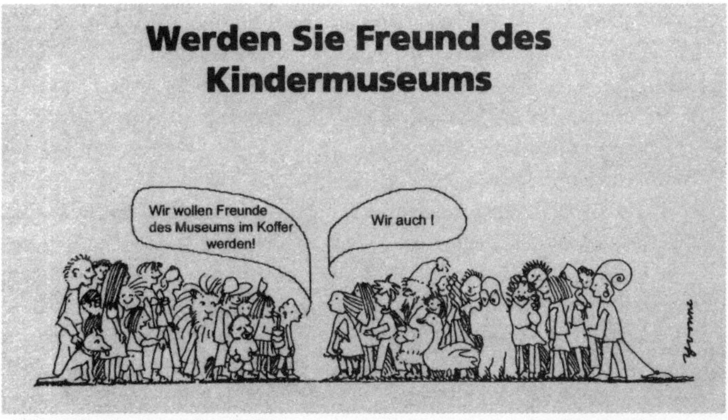

Abb. 16: Werbung für Kindermuseumsverein, Kinder- und Jugendmuseum im Kachelbau Nürnberg

auch die Unterzeichnung der Kinderrechtskonvention durch die Bundesrepublik nichts Wesentliches geändert hat), braucht es diese Art von Bürger-Engagement, um Defizite auf kommunaler oder staatlicher Seite auszugleichen.

- *Grund drei* meint die Faszination, die auf persönlicher Kenntnis oder Information über amerikanische Kindermuseen und ihre Arbeitszusammenhänge beruht. Bewundert werden Modelleinrichtungen, bei denen viele ehrenamtliche Mitarbeiter engagiert sind, die über riesige Ausstellungsflächen sowie einen üppig bemessenen Finanzrahmen verfügen und zu den angesehensten amerikanischen Museen überhaupt gehören.
- *Grund vier* beschreibt den Pluspunkt Eigenständigkeit. Die USA hatten es vorgemacht. Hier wurden autonome Kindermuseen mit großen Freiheiten bei Ausstellungsthemen und Inhalten realisiert. Die ersten deutschen Einrichtungen mussten dagegen um Anerkennung in der Museumswelt kämpfen. Sie verfügten über ein eher schmales Budget und bescheidene Räume, litten unter mangelnder personeller Ausstattung und hatten sich im Inhaltlichen an den Vorgaben ihres „Muttermuseums" zu orientieren. Ein eigenes Haus dagegen winkt mit großen Freiräumen bei Themen, Design und Betreuung durch geschulte Mitarbeiter. Da die Kinder quasi unter sich sind, dürfen Motorik und Lärm sein.
- *Grund fünf* beschreibt die persönliche Motivation. Wie bei wenigen anderen Projekten scheint ein Engagement für ein Kindermuseum vielfältig und erfolgversprechend zu sein. Insbesondere Frauen zeigen sich von der Idee fasziniert und engagieren sich in hohem Maße. Das gilt übrigens auch für die meisten Kindermuseen, die in Museen integriert sind. Kindermuseumsarbeit ist offensichtlich, wie allgemein im pädagogischen Bereich üblich, eine bevorzugte Domäne von Frauen. Im Wissenschaftsbereich gilt der Einsatz für ein Kindermuseum bislang noch als wenig seriös. Wer sich ihm verschreibt, erntet keine Lorbeeren und macht kaum Karriere.
- *Grund sechs* hängt mit der (scheinbar) einfachen Umsetzung der Ziele zusammen. Da nämlich fast jeder Erfahrungen mit Kindern hat, zumindest einmal selbst Kind war, wird unterstellt, das Ziel „autonomes Kindermuseum" sei schnell zu verwirklichen. Zum einen sind die Materialien für die Arbeit mit Kindern relativ leicht zu beschaffen oder mit gewissem handwerklichen Geschick auch selbst herzustellen. Zum anderen braucht es für die Einrichtung keinen Neubau. Alte leerstehende Industriegebäude, Hallen oder Häuser können gute Orte sein, die mit geringem Aufwand herzurichten

sind. Oder man arbeitet mobil mit Bussen und Bauwagen, bzw. platziert seine Mitmach-Ausstellungen in Schulen etc.

- Der *siebte Grund* hat mit der Selbstverwirklichung zu tun. Zwar geht es in erster Linie um Kinder, doch auch die Erwachsenen vermögen vom Erfolg der Arbeit zu profitieren. Da ihr Engagement selbst gewählt ist und die Arbeit daran nicht fremdbestimmt erfolgt, hat sie innovativen Charakter. Sie ist neben der Pädagogik im Rahmen von Fantasie, Kreativität, Geschichte, Gesellschaft, Kunst und Architektur angesiedelt – alles Bereiche, die der normale Berufsalltag kaum bereithält.

5.3 Die Kinder-Akademie Fulda

Einen Sonderfall auch in der Vereinsarbeit stellt bislang die *Kinder-Akademie Fulda* dar, für deren Existenz eine Stifterpersönlichkeit verantwortlich war. Es ist das erste eigenständige (und aufgrund einer regen Pressearbeit wohl auch das bekannteste) Kindermuseum in Deutschland und konnte 1991 dank der Initiative von Helen Bonzel realisiert werden. Die Anregung dazu kam, wie so häufig, durch einen Amerikabesuch. Als es an die Umsetzung ging, standen in einem ehemaligen Industriegebäude mehr als 1000 m² Ausstellungsfläche bereit. Dazu kamen 500 m² für Werkräume, Büros etc. Ziel der Gründerin war es, „einen Raum zu schaffen, in dem Kommunikation, Begegnung, spielerisches Lernen, Entdecken und ‚Begreifen' in einer eigenen Kinderkultur zusammengebracht werden."[48] Die Arbeit der Kinder-Akademie basiert auf zwei Schwerpunkten. Der eine umfasst eine dauernde Präsentation mit einem begehbaren Kaleidoskop, einem „Museum im Schrank" und einem Flaschenzug, an dem die Kinder sich gegenseitig hochziehen können.

Das „Herzstück" aber ist im wahrsten Sinne des Wortes das „Begehbare Herz". Erstellt wurde es im Deutschen Hygiene-Museum Dresden, die wissenschaftliche Betreuung übernahm der Kardiologieprofessor Tassilo Bonzel. Mit einer Grundfläche von sechs mal sechs Metern und einer Höhe von fünf Metern entspricht es im Verhältnis 1:60 dem menschlichen Organ. Es bietet Kindern die Chance, quasi als Blutkörper sein Inneres zu erforschen.

Zum ständigen Bereich kommen dann noch Sonder-Ausstellungen hinzu wie „Lego" oder „Chagall für Kinder" und „Von Kopf bis Fuß – Kleider machen Leute". Presse- und Publikumsliebling ist aber die jährliche Osterschau „Vom Ei zum Küken." Hier können die jungen Besucher zuschauen, wie die Küken schlüpfen und dürfen auch einmal

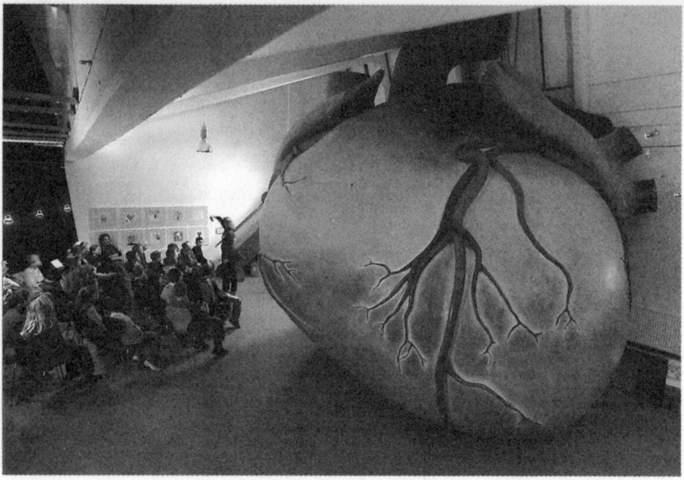

Abb. 17: Das „Begehbare Herz" in der Kinderakademie Fulda

selbst eines in die Hand nehmen. Der zweite Schwerpunkt der Kinder-Akademie ist dem kreativen Tun der Zielgruppe gewidmet. Betreut von Künstlern und Pädagogen finden zahlreiche Workshops statt, für die sich vor allem einzelne Teilnehmer anmelden, während die Ausstellungen auch stark von Schulklassen frequentiert werden. In einem der frühen Workshops wurde das Mobiliar für das MuseumsKAFé gemeinsam mit Kindern bunt angemalt. In den späteren wurde Porzellan gestaltet, mit Filz gearbeitet, fotografiert oder Kräuter bestimmt. Und

> ein Experementierclub fragt nach den „Bausteinen für unseren Körper" und beschäftigt sich mit Eiweiß, Kohlehydraten und Proteinen. Oder man lernt im Workshop *Tischlein deck dich – Knigge aus dem Sack* nicht nur die Zubereitung einiger leckerer Gerichte, sondern auch, unter Anleitung eines pensionierten Oberkellners, wie man einen Tisch perfekt deckt, und bekommt dazu Tipps in Sachen Tischsitten.[49]

5.4 Die „Pädagogische Aktion"

Richtungsweisend in der Vereinsarbeit waren weiterhin vor allem zwei Initiativen, die sich beide durch die Förderung individueller, selbstbestimmter Bildungsprozesse bei Kindern und Jugendlichen auszeichnen. Einmal ist dies die Münchner *Pädagogische Aktion e. V.*, ein gemeinnütziger Verein, dessen theoretisch-praktische Vorgaben Wolfgang Zacharias, Hans Mayerhofer und Gerd Grüneisel bestimmten.[50] Diese formulierten ihr Programm vor dem Hintergrund der nach 1968 angestoßenen Reformen. Sie betrafen auch das Fach Kunsterziehung, das sich Alltagsphänomenen wie Werbung und Medien öffnete und sich „Kunst und visuelle Kommunikation" nannte. Wichtig waren neben der manuellen Tätigkeit und der Kunstbetrachtung nun auch ein kritischer Diskurs und eine Öffnung für gesellschaftliche Fragen. Zur Pädagogischen Aktion gehörten Lehrer, Sozialarbeiter, Kunsterzieher und Kunsthistoriker, und dank einer engen Kooperation mit dem Jugendamt lag der Akzent der Arbeit im sozialpädagogischen Bereich. Entwickelt wurden didaktische Materialien wie „Spielblätter" und Poster, daneben auch kleine mobile Ausstellungen. Für jede ihrer Aktionen (z.B. während der großen Ferien) kam ein zusätzlicher Fundus an Kostümen, Kulissen, Werkzeugen und Materialien hinzu.

Seit 1973 wurden auch Museen in die Angebotspalette aufgenommen. Allerdings ging es dabei nicht so sehr um die Institution Museum an sich. Sie wurden eher als Orte begriffen, „... wo Aktivität passieren kann, wo für Kinder etwas spannend sein kann, wo Kinder sich etwas holen können, wo Angebote da sind, die Leben und Alltag der Kinder interessanter machen ...".[51] Und im Gegensatz zur gerade erst sich etablierenden Museumspädagogik, die den Akzent auf die Betreuung von Schulklassen und Gruppen im eigenen Haus setzte, bemühte sich die Pädagogische Aktion, den ersten Kontakt zu Kindern in deren eigenem Umfeld aufzunehmen. Ein „Spielbus" fuhr dazu Wohnviertel und Spielplätze an, um als eines unter mehreren auch das Angebot zu unterbreiten, ein Museum zu besuchen. Entscheidend war dabei die Überlegung: Wen treffe ich dort, was kann da „Lustiges" passieren? Im zweiten Schritt ging es dann um die Methoden, um die Art des Lernens im Museum. Dazu wurden Detektiv- und Sammelspiele veranstaltet. Unter anderem konnte ein eigenes Mini-Museum erstellt oder in einem außerhalb errichteten „Forscherlager" Grabungen durchgeführt werden. Das „Grabungsfeld" war mit Scherben, Knochen, Münzen und modernen Zivilisationsresten ausgestattet. Diese Funde bargen die jungen Forscher, um sie später auch „wissenschaftlich" zu bearbeiten.

Die Pädagogische Aktion berichtet von sich: „Ende der siebziger Jahre tauchte in unseren Papieren erstmals das Stichwort Kindermuseum auf. Es sollte eine Variante und Innovation im Rahmen unserer museumspädagogischen Arbeit und ein besonderer ‚Knoten' im kommunalen kulturpädagogischen Netzwerk sein."[52] Daraufhin etablierte sich eine eigene, referatsübergreifende Arbeitsgruppe, die ein umfangreiches Konzept erarbeitete. Definiert als „Kinder- und Jugendmuseum vor Ort", für das es gelang, das Kulturamt zu interessieren, wurden in der Folge weitere Aktionen durchgeführt. 1995 war dann das Ziel erreicht: München bekam mit dem *Kinder- und Jugendmuseum* im ehemaligen Starnberger Bahnhof sein erstes autonomes Kindermuseum.

5.5 Das Nürnberger Modell

Die zweite wichtige Initiative ist in Nürnberg angesiedelt. Hier waren es vor allem die Kunsterzieher Kristine und Michael Popp, die sich erst für die pädagogische Arbeit im Museum und dann gezielt für ein Kindermuseum einsetzten. Sie entdeckten bei einer USA-Reise erstmals den Typus eines eigenständigen „Museums für Kinder". Die Idee, dies auch in der eigenen Stadt umzusetzen, kam Kristine Popp in Zusammenhang mit der Schulwirklichkeit ihrer eigenen Kinder. Aus Unzufriedenheit mit der damaligen „Arbeitsbogenpädagogik" suchte sie in enger Kooperation mit fortschrittlichen Pädagoginnen nach Wegen, wie zunächst einmal historische Themen sinnlich erfahrbar und damit attraktiver und spannender präsentiert werden können. Begünstigt wurde diese Absicht durch eine reform- und experimentierfreudige Nürnberger Schul- und Kulturpädagogik. 1980 bekam Kristine Popp vom „Amt für Kultur und Freizeit" das Angebot, ein Konzept für eine mobile Museumspädagogik zu entwickeln. So entstand das *Museum im Koffer*, das erste mobile Kindermuseum in Deutschland[53] mit originalen Ausstellungsgegenständen, Büchern und Lehrerhandreichungen. Die Nachfrage nach diesem Angebot wuchs, und 1983 wurde ein eigenständiger Trägerverein gegründet. In einer Selbstdarstellung hieß es zehn Jahre später zur Entstehungsgeschichte:

> Mit ‚Großmutters Waschtag' begann 1980 ein kleines Team von Schule zu Schule zu ziehen. Schon bald war es nicht mehr der Koffer, sondern ein Anhänger, dann der Bus, heute sind es zwei. Mittlerweile stehen über 20 Themen zur Auswahl, wobei historische, interkulturelle und naturwissenschaftliche Themen den Schwerpunkt bilden. Rund 600 Aktionen werden pro Jahr durchgeführt. Zielgruppen sind neben den Grundschulen auch Sonderschulen, Jugendfreizeitheime, Bibliotheken und Behindertengruppen. Mit dem Bus werden die Objekte, Bücher und Ausstellungstafeln jeweils einer Themengruppe zu den Schülern gebracht. Das Klassenzimmer verwandelt sich in ein ‚Museum auf Zeit', z.B. mit dem Kaufladen aus der Jahrhundertwende. Die Gegenstände haben Anregungscharakter. Sie werden so aufgebaut, dass die Kinder sich in der Vorbereitungszeit mit ihnen beschäftigen. Nach einer Woche kommt das Team der Museumspädago-

> ginnen wieder – zur eigentlichen Aktion. Jetzt wird gehandelt, mit den Gegenständen gearbeitet, gekocht, gewaschen, gekauft, verglichen usw. Im Handeln werden alle Sinne angesprochen. Kopf und Hand arbeiten zusammen. [54]

Der Plan, ein festes Kindermuseum einzurichten, datiert aus dem Jahr 1994. Nach langwierigen Planungs- und Bewilligungsverfahren gelang im Jahr 2001 der Umzug in eigene Räume, nämlich in ein mit Mitteln der Stadt zu einem Kinderkulturzentrum umgebautes Gebäude auf dem ehemaligen Schlachthofgelände. Es beherbergt nun das *Kinder- und Jugendmuseum*. In ihm fand auch das mobile Museum im Koffer seine Heimat. Das Kindermuseum hat Büroräume, Foyer, Werkstätten usw. und Archivräume für die von Kristine Popp zusammengetragene umfangreiche Sammlung zur Alltagskultur um 1900. Über 600 m² Ausstellungsfläche stehen für eine auf längere Zeit angelegte Präsentation zur Verfügung. Liebevoll bis ins kleinste Detail mit Töpfen, Tellern und Haushaltswäsche, Möbeln, Werkzeugen und Registrierkasse, Spielzeug und Schulbüchern sind die drei Bereiche „Haushalt, Handel, Handwerk“ weitgehend authentisch eingerichtet. Die Bäckerei verweist auf das Handwerk, der Kolonialwarenladen steht für den Handel. Zum Haushalt gehören Wohn- und Schlafraum aus der Zeit der Urgroßeltern, die Küche und der Waschplatz mit Pumpe. Sie alle enthalten die Dinge, die bei den Aktionen von den Kindern voller Begeisterung und zugleich mit großer Ernsthaftigkeit erforscht und benutzt werden.

Abb. 18, 19: Waschaktion und Wäscheschrank

Abb. 20: Blick in die Ausstellung „Schatzkammer Erde“ 2003

Im zweiten Obergeschoss wurde die Umwelterlebnisstation „Schatzkammer Erde“ eingerichtet. Sie gliedert sich in die Abteilungen „Natur und Zivilisation“ und enthält zwölf Stationen. Diese thematisieren beispielsweise die Bedeutung von Pflanze und Zelle, weisen auf die Steine als Lager von Schätzen hin, verweisen dann über den Abbau der Natur auf den immer größer werdenden Müllfriedhof auf unserer Erde und gehen auf den globalen Kreislauf der Herstellung von Produkten ein.

All diese komplexen Themen sind anschaulich aufbereitet. Der Einstieg ist bei dem begehbaren Globus, der Platz für zehn Kinder bietet und ihnen den Reichtum unserer Erde mit ihren Schätzen vor Augen führt. Weiter gibt es die „Elemententreppe“, eine Art begehbarer Schubladenschrank, mit Kisten zum Herausziehen, die Informationen zu den chemischen Elementen enthalten. Oder es können an Experimentiertischen Gesteine untersucht und an einem riesigen Baummodell aus Metall das Wachstum der Blätter beobachtet werden. Zu den beliebtesten Stationen der Kinder aber gehörten die Computer-Recyclingwerkstatt, die Einblick bietet in das Innere eines PCs. Noch beliebter aber ist das Gewächshaus. Lebendige Pflanzen und Tiere können hier bei ihrer Aufzucht und in ihrem Wachstum beobachtet werden. Star des Ganzen ist ein Chamäleon.

5.6 Prenzlauer Berg – Museum im Kiez

Die am Modell eines Nachbarschaftsmuseums orientierte Einrichtung nannte sich am Anfang *Kinder & JugendMuseum im Prenzlauer Berg* und trägt nun den Namen *MACHmit! Museum für Kinder*. Die Idee hierfür soll auf einer Silvesterparty zum Jahreswechsel 1989/90 geboren worden sein, als Prenzlauer Berg noch zu Ost-Berlin gehörte.[55]

Abb. 21: Druckerei im MACHmit! Museum für Kinder, Prenzlauer Berg

1992, kurz nach der Wende, nahm dann der inzwischen gegründete Verein „Netzwerk Spiel/Kultur e.V." seine Arbeit auf. Ein Verein, in dem übrigens Kinder und Jugendliche als aktive Mitglieder vertreten und an Entscheidungs- und Planungsprozessen beteiligt waren. Als „Museo Mobil" realisierte das Netzwerk dann kleine Ausstellungen an wechselnden Orten und machte mit Auftritten auf Stadtteilfesten auf sich aufmerksam. Zugleich wurden Projekte entwickelt, wie ein Museumskoffer zum Thema „Jüdisches Leben im Viertel", der von Schulen ausgeliehen werden konnte. Ende 1993 konnte bereits eine Druckwerkstatt in einer Grundschule eingerichtet werden, ab 1996 standen für das inzwischen als Kinder- und Jugendmuseum im Prenzlauer Berg bezeichnete Projekt eigene Ausstellungsräume zur Verfügung. Nach weiterer erfolgreicher Arbeit lautete 2001 dann die Parole „BAUMIT" und zwei Jahre später hatte es als *MACHmit! Museum für Kinder* sein neues großes Zuhause im roten Backsteinbau der neogotischen Elias-Kirche gefunden.

Von Anfang an legte das Kinder- und Jugendmuseum sein Augenmerk auf den Wandel, der sich im Viertel vollzog. Der Prenzlauer Berg ist inzwischen mit luxussanierten Gründerzeitwohnungen, zahlreichen Restaurants und teuren Läden zum Szeneviertel geworden. In DDR-Zeiten lebten dort Intellektuelle, Arbeiter, Handwerker und Gewerbetreibende, die ihre Werkstätten auf Hinterhöfen unterhielten. Der „Prenzlberg" mit seinen Wahrzeichen, Wasserturm, Kollwitzplatz und Synagoge, die unbeschadet die Nazipogrome überstanden hat, ist kein sehr attraktives Viertel für Kinder. Es gibt wenig Grünflächen und ein unzureichendes Spielplatzangebot. Das Kindermuseum macht in dieser Situation Ernst mit dem vielbeschworenen Begriff Partizipation. Ausgehend vom gegenwärtigen Kindheitsalltag, begab es sich in der Nachwendezeit

> auf die Spurensuche und die Spurensicherung eines sich verändernden Stadtteils, wo es spürbare Eingriffe in das Leben eines jeden Einzelnen gibt. Diese gilt es zu thematisieren und für Kinder und Jugendliche transparent zu machen. Zum Beispiel wenn der Seifenladen um die Ecke dem Supermarkt oder der Handelskette ‚Drospa' und ‚Rossmann' weichen muss. Kinder und Jugendliche haben einen solchen Prozess verfolgt und die Geschichte eines Seifenladens zusammen mit dem Prenzlauer Berg Museum in ihr Kinder- und Jugendmuseum gebracht, mit all dem, was Kinder für wesentlich hielten, dass es gesammelt, notiert und ausgestellt wird.[56]

6. Methodische und didaktische Prinzipien – eine aktuelle Bestandsaufnahme

6.1 Veränderte Kindheitsmuster

Kaum mehr als eine Generation ist es her, dass in Deutschland die ersten Kindermuseen entstanden. Diese Spanne, gekennzeichnet von raschem technologischem und gesellschaftlichem Wandel, betrifft auch Kinder und Kindheiten. Einen Meilenstein bildet dabei die Verabschiedung der „Konvention über die Rechte des Kindes" (1992 deutsche Zustimmung) durch die UNO, in der u.a. das Recht auf Kultur, Bildung und Mitsprache in allen Kinder betreffenden Angelegenheiten festgelegt ist. In der Folgezeit kamen Kinderbeauftragte in den Bundestag, Kinderbüros wurden eingerichtet und Beteiligungsmodelle wie Kinderrechtsforen oder Kindergipfel wie 2002 in New York erprobt. Damit haben sich neue Felder aufgetan. Während gemäß einer Studie zum Medienverhalten von Kindern deren beliebteste Freizeitbeschäftigung nach wie vor das klassische „Freunde Treffen" und „Draußen Spielen" ist, sehen inzwischen 82 Prozent der Kinder täglich fern, und 60 Prozent sind PC-Nutzer. Computerspiele stehen hierbei an erster Stelle.[57] Damit erobern Kinder neue Terrains. Das in Tübingen aus der Taufe gehobene Modell der „Kinderunis" erfreut sich großer Beliebtheit, und erstmals führt sogar ein Kinder- und Jugendbuch (Harry Potter) die Bestsellerlisten auch der Erwachsenen an. Zugleich lösten internationale Studien zur Leistungserhebung den sog. PISA-Schock aus. Deutsche Schüler schnitten schlecht ab. Ihre Kompetenzen beim Lesen und Begreifen von Texten sind mangelhaft.

In der skizzierten Epoche veränderten sich auch die Kindheitsmuster. In der pädagogischen Forschung wird Kindheit nicht mehr dargestellt als Freiraum bzw. als Projektion eines quasi paradiesischen Zustandes; auch die Vorstellung von Kindheit als einer „basalen Grundlage für künftige Lebensphasen" ist passé. Heutige Kindheitsforschung spricht dagegen von „Kindheit als historischer Generation".[58] Das heißt, dass Kinder jetzt anders als früher historische Umbrüche miterleben können. Während sich dies in der Vergangenheit vor allem auf historische Großereignisse bezog, sind solche Umbrüche für heutige Kinder auch in ihrem Alltag direkt erfahrbar. So lassen sich beispielsweise je nach dem technischen Stand der TV-Entwicklung Kindheitsgenerationen ausdifferenzieren".[59] Diese Beobachtungen werden von der neueren Geschichtsdidaktik bestätigt, die darauf verweist: „Die in einer Markt- und Mediengesellschaft aufwachsenden Kinder sind in ihrer außerschulischen Lebenswelt ständig mit ‚Geschichte' konfrontiert wie nie eine Generation von Kindern vor ihnen".[60] Geschichte begegnet ihnen auf die vielfältigste Weise etwa als „Wissenssplitter", aber auch als Deutungsmuster im Fernsehen und im Internet, auf Briefmarken, in Büchern, bei Gedenktagen, Ausflügen auf Burgen und zu Museen usw. Von dieser Form des historischen Lernens außerhalb der Schule, so die Grundannahme, können Schüler enorm profitieren. Es bietet ihnen die Möglichkeit, aus der Vergangenheit „eine tragfähige Zukunftsperspektive"[61] zu gewinnen. Den Kindermuseen mit ihren besonderen didaktischen und methodischen Prämissen kommt dabei eine entscheidende Rolle zu.

6.2 Erfahrungsort Kindermuseum

Laut Internet ist ein Kindermuseum ein „Welterforschungsort, der auf die Bedürfnisse von Kindern zugeschnitten ist. Ziel ist es, mittels Learning by doing und Hands on die Neugier und die Kreativität der Kinder zu wecken" *(http://de.wikipedia.org/wiki/Kindermuseum).* Nach zögerlichen Anfängen in den 70er Jahren verzeichnen die Jahre zwischen 1990 und 2000 mit 24 Neueröffnungen einen Gründungsboom, der unvermindert anhält. Meilensteine waren hier eine erste international besetzte Tagung in Berlin (1992), ein Modellversuch für ein Kinderumweltmuseum (Essen 1996-99) und 1997 die Gründung des Bundesverbandes der Kinder- und Jugendmuseen.[62]

Dabei kann man, wie in den vorangehenden Kapiteln ausgeführt, nicht von *dem einen Kindermuseum* sprechen, sondern von einer Vielzahl von Formen und Möglichkeiten – und Trägern. Doch ist die Publizität inzwischen so groß, dass zusätzlich zu den eigentlichen Kindermuseen, denen diese Publikation gewidmet ist, auch Aktivitäten unter dem Begriff „Kindermuseum" subsumiert werden, mit denen in allen möglichen Museen Malaktionen, kinderfreundliche Führungen, die kindheitsgeschichtliche Ausstellung bzw. die kleine Begleitschau zur größeren Sonderausstellung gemeint sind. Das Modell Kindermuseum hat also Schule gemacht und wirkte als Vorbild.

Dank der Verbreitung und stärkeren Fundierung der Kindermuseen im öffentlichen Leben ist auch das Interesse der Medien groß. Lokale Sender oder Blätter, aber auch überregionale Magazine wie „Stern" (13/

2003) und „Focus" (23/2004) berichten durchweg lobend vom Spaß und den Möglichkeiten des Lernens, die Kinder dort haben. Ein Instrumentarium für eine kritische Würdigung und zur Evaluierung der Arbeit der Kindermuseen fehlt bislang allerdings.[63] Das gilt für die Presse, die kaum über Journalisten verfügt, die auf Kinderthemen spezialisiert sind, das gilt aber auch für die Museumswelt und den Wissenschaftsbereich. In deren Aufmerksamkeit spielen Kindermuseen immer noch eine untergeordnete Rolle.[64] Diese mangelnde Achtung führt zu Kompensationsstrategien auf Seiten der Betroffenen. Nicht selten werden Erfolgsmeldungen wiedergegeben, mit denen auch die Kindermuseen – im Wettkampf der Rekorde – meinen, mithalten zu müssen. So wirbt beispielsweise das *Miraculum* in Aurich mit einer ständig wachsenden Besucherzahl, die *Kinder-Akademie* in Fulda damit, das erste autonome Kindermuseum zu beherbergen, das *ATLANTIS* wiederum punktet damit, dass es das bislang größte deutsche Kindermuseum sei.

Unternimmt man nun auf den Spuren der existierenden Kindermuseumsinitiativen eine Reise, wird man viel zu sehen bekommen. Kindermuseen befinden sich in Museen oder sind als autonome Einrichtungen in Industriedenkmälern oder inmitten sozialer Brennpunkte untergebracht. Sie arbeiten stationär oder mobil, kooperieren mit Jugendkunstschulen, haben sich der Kreativitätsförderung oder der Alltagsgeschichte verschrieben. Die Ausstellungen haben sich im Vergleich zu den Anfängen vom Vorbild der Präsentation für Erwachsene gelöst, zugleich hat eine „Verlagerung der Themenauswahl und Methodenwahl stattgefunden" von stärker „gesellschaftskritischen Diskursen" hin zu einem breiter gefächerten Themenspektrum.[65] Es werden Umwelt und Technik einbezogen, verstärkt Spaß und Neugier angesprochen; Lernen soll einer „spannungsreichen Entdeckungsreise" nahe kommen. Und:

> Durch das Ausstatten mit den nötigen Instrumenten, d.h. Methoden und Materialien, werden Kinder zu Forschern gemacht, die sich ein Expertenwissen aneignen können. Dieses Wissen ... entstammt gesamtgesellschaftlichen Zusammenhängen. ... Es wird auf ein breites Vorwissen der Kinder zurückgegriffen. Komplexe Zusammenhänge werden unter der Mitarbeit von Experten unterschiedlicher Fachrichtungen für Kinder aufbereitet, wobei ihnen vor allem die Möglichkeit zur Selbsttätigkeit gegeben wird. Wissenschaftliche Methoden und Arbeitsweisen werden so weit reduziert, dass sie für Kinder handhabbar werden ...[66]

Im Formalen sind die Grenzen zu anderen Angeboten der Freizeitindustrie fließend. Das Design kann inzwischen ähnlich bunt und an der modernen Warenwelt ausgerichtet sein wie im kommerziellen Bereich;

bei den Inhalten aber gibt es Unterschiede. Die Kindermuseen richten sich nach den Bedürfnissen von Kindern. Sie legen Wert auf strukturierte, für die Kinder selbstbestimmt erfahrbar gemachte Zusammenhänge, während insbesondere bei den Freizeit- und Themenparks und/oder den um den Jahrtausendwechsel herum entstandenen Science-Centern (z.B. in Bremen oder Jena) der Akzent vor allem auf Aktion und Spaß liegt. Im Bereich von Technik und Multimedia wird hier vor allem die bekannte Einwegkommunikation beim Knöpfedrücken an vorgefertigten Stationen geboten.[67]

Zugleich lernt der Reisende große Teile der Republik kennen. Halt machen wird er vor allem in größeren Städten. Für das Ruhrgebiet, Niedersachsen und die Rhein-Main-Region sollte er sogar einen längeren Aufenthalt einplanen. Große Teile der neuen Bundesländer, aber auch des Landes Bayern erweisen sich hingegen als terra incognita. Hier gibt es noch viel zu tun.

Die erste Station unseres Reisenden wird im Norden Kiel sein,[68] gefolgt von Hamburg. Dort wird demnächst im Museum für Kunst und Gewerbe das dritte Kindermuseum der Hansestadt aus der Taufe gehoben. Die südlichsten Punkte der Reise bilden München und weiter südwestlich Donaueschingen. Im Osten markiert Berlin mit gleich sechs Einrichtungen den zahlenmäßigen Vorposten, nur noch überrundet vom Rhein-/Ruhrgebiet im Westen. Dort gibt es zwischen Bonn und Oelde bereits elf Kindermuseen. Für ein zwölftes werden im Dortmunder Museum am Ostwall, das als eines der ersten 1962 kreative Kinderkurse einführte, derzeit Vorüberlegungen getätigt. Entstehen wird an einem neuen Standort ein Kinderkunstmuseum auf rund 500 m^2, konzipiert als „Haus im Hause".

6.3 Stichwort Innovation

6.3.1 Kindermuseum als Bildungsträger

Positiv vermerken wird der Reisende, welchen großen Beitrag die Kindermuseen zur Förderung von Kultur und Kreativität in die Regionen einbringen. Diese innovativen Impulse erstrecken sich auf zwei Ebenen. Zum Einen leisten die Kindermuseen inzwischen einen großen Beitrag zur Verlebendigung des schulischen Lernens, insbesondere im Bereich Geschichte, aber auch bezogen auf selbständiges Lernen und Kreativität insgesamt. Zum Anderen wirken sie in die Museen hinein. Für ihr ergänzendes schulisches und außerschulisches Engagement seien im folgenden Kapitel drei Beispiele benannt.

Erstes Beispiel: Über eine lange Erfahrung in der Zusammenarbeit mit der Schule verfügt das Nürnberger *Museum im Koffer*, das 1980 bereits als erstes mobiles Kindermuseum seine Arbeit aufnahm und die Idee von Museumskoffern überhaupt publik machte.[69] Diese Idee wurde gut angenommen, und das Museum im Koffer ist auf diese Weise noch heute bundesweit unterwegs. Zu einer drei bis vier Stunden dauernden Aktion werden in die Schule originale Gegenstände, eine thematische Ausstellung und verschiedene Lehrmaterialien mitgebracht. Die Schüler lernen nach dem Prinzip Kopf und Hand, arbeiten zusammen und vermögen dabei spielerisch und selbsttätig bislang ungewohnte Erfahrungen zu machen. Die Nürnberger verfügen inzwischen über ein umfangreiches Themenangebot und einen großen Stab an Mitarbeitern.

Doch auch kleinere Initiativen sind ähnlich innovativ tätig. Sie arbeiten teilweise wie *Das Mobile Kindermuseum* in Geesthacht bzw. *Ougenweid & Dollery* in Werbach/Brunntal oder das *Mobile Musik Museum* von Michael Bradke aus Düsseldorf nur als Ein-oder-Zwei-Personen-Unternehmung. Andere wie *Kik e.V.* aus Schönau oder das *Museum unterwegs* aus Meissen greifen auf einen Stab ehrenamtlicher Mitarbeiter zurück, die mit großem persönlichen Einsatz agieren. Vor allem in strukturschwachen Gebieten fahren sie Schulen an und sind bei Stadtteilfesten präsent.

Zweites Beispiel: Fast schon wie Zukunftsmusik in Hinblick auf eine enge Vernetzung klingt das, was in jüngster Zeit das *Kaleidoskop e.V.* aus Frankfurt/Main angestoßen hat. Nach der Realisierung von Mitmach-Ausstellungen an unterschiedlichen Spielorten und in Museen verlegte der Verein seine hauptsächliche Wirkungsstätte in den schulischen Bereich. In Zusammenhang mit den durch die PISA-Debatte angestoßenen Überlegungen zum Ausbau eines Betreuungsprogramms für Schüler und der Bereitstellung von Mitteln, wurde der Verein zum Kooperationspartner der Frankfurter Musterschule. Dadurch konnten nicht nur Gelder für Personal gesichert werden, der Verein hat hier nun auch sein Büro und ist seit 2003 federführend tätig in Konzeption und Durchführung des nachmittäglichen Kursangebotes. Darüber hinaus obliegt ihm auch weitgehend die Planung zum Aufbau eines Ganzstagszentrums mit Cafeteria, Aufenthaltsraum und Lernzentrum. Für die damit verbundenen größeren Umbau- und Neubaumaßnahmen stehen Sondermittel des Bundes bereit. Und so hofft man, noch im Jahr 2006 das „Studio M" (ca. 200 m^2) mit Medienraum, Bibliothek, PC- und Audiostationen etc. eröffnen zu können. Dann soll ein Teil der dort zu leistenden Arbeit u.a. gemeinsam mit den Lehrern in die mögliche Unterrichtsvorbereitung fließen, während die Aktivitäten am Nachmittag eher im Kreativbereich angesiedelt sein sollen. Dann könnten z.B. neben Theater- und Computer-AGs auch gemeinsam mit Schülern kleine Ausstellungen realisiert werden.

Drittes Beispiel: Seit ihrer Gründung als erstes autonomes Kindermuseum fühlt sich die *Kinder-Akademie* in Fulda dem lebenslangen Lernen verpflichtet. Und was die Angebote anbelangt, wird immer wieder auf aktuelle Zeitströmungen reagiert. Aus der Erkenntnis heraus, dass Familie und Beruf nur miteinander vereinbart werden können, wenn ein breites Betreuungsangebot für Kinder vorhanden ist, bietet die Kinder-Akademie nun ein Ganztagskursprogramm in den hessischen Schulferien an. Diese Workshops (verbunden mit Exkursionen) stellen eine Entlastung der Eltern sowie eine sinnvolle Kombination von Bildung und Betreuung und damit ein „Forum zur Herausbildung besonderer Begabungen sowie persönlicher Kompetenzen" der jungen Teilnehmer in Aussicht. In eine ähnliche Richtung zielt auch das Engagement in Sachen Kinderuni. Nach dem erfolgreichen Start 2002, als erstmals spezielle Vorlesungen explizit für Kinder durch Professoren der Universität Tübingen gehalten wurden, kopierte man das Modell auch an anderen Orten. Die Kinder-Akademie griff die Idee auf und organisierte nun 2006 federführend die dritte Kinderuniversität mit wechselnden Partnern in Fulda. Zu kindgerecht aufbereiteten einstündigen Vorlesungen finden sich dann jeweils rund hundert Kinder in der Fachhochschule in der Theologischen Fakultät oder auch in der Pathologie ein, um ihren Wissensdurst zu befriedigen.

6.3.2 Szenenwechsel im Museum

Auch die Institution, der sie ursprünglich ihre Existenz verdanken, das Museum, vermag vom Innovationsschub durch Kindermuseen zu profitieren. Sei es, um in Museen ohne festangestellte Museumspädagogen entsprechende Aktionen anzubieten und umzusetzen; sei es, um die dortigen Präsentationen publikumswirksamer zu gestalten. In diesem Zusammenhang muss die *Ochsenfurter Spielbaustelle e.V.* genannt werden, die auf beiden Feldern erfolgreich arbeitet.

Etwas anders liegt der Fall im Mannheimer Landesmuseum für Technik und Arbeit. Integriert ins Haus waren sowohl eine Kinderwerkstatt als auch ein Raum, der für die Kindermuseumsarbeit mit Kinderausstellungen genutzt werden konnte. Um nun aber die Dauerausstellung für alle Besuchergruppen attraktiver zu gestalten, wurde diese Arbeit eingeschränkt. An ihre Stelle trat die Installation von Ausstellungselementen und interaktiven Stationen, die für Kindermuseen typisch sind. In den auf drei Ebenen platzierten sog. Elementas (Elementa 3 wird 2007 eröffnet) wird das Prinzip Anschauen, Vergleichen, Selbermachen und Begreifen großgeschrieben: „Bei den hier eingerichteten Experimenten geht es ... nicht nur um knifflige Versuchsanordnungen und verblüffende Phänomene, sondern auch um das ‚Woher und Wozu': um historische Zusammenhänge, industrielle Anwendung und alltäglichen Nutzen. Schüler und Erwachsene können selbstständig experimentieren und spielerisch Neuerungen aus Naturwissenschaft und Technik begreifen, die zu Grundlagen des Industriezeitalters und des heutigen globalisierten Weltbildes geworden sind" *(http://www.elementa-mannheim.de/elementa1f.htm).*

Wieder anders liegt der Fall im *Wilhelm Lehmbruck Museum.* In diesem Haus, das vor allem Skulpturen des 20. Jahrhunderts präsentiert, gibt es seit 1987 ein Kindermuseum. Als Cornelia Brüninghaus-Knubel hier ihre Arbeit begann, wollte sie damit einen Raum schaffen, der „auch für Erwachsene interessant ist. Der eine stressfreie, spielerische, manchmal auch witzige und nicht so ernst gemeinte Annäherung an die doch als so kompliziert geltende moderne Kunst erlaubt".[70] Das von ihr entwickelte Ausstellungskonzept setzt auf eigenes kreatives Tun der Kinder und bindet zeitgenössische Künstler ein, die interaktiv wirken und Installationen schaffen, in die man sich selbst hineinbegibt – so beispielsweise bei dem Environment von Lili Fischer „Meute im Museum" von 1996/97. Bei dieser Aktion wurde mit gezeichneten Schattenrissen von Tieren und ausgestreutem Stroh das Kindermuseum zu einem „Stall". Von ihm aus zogen die als Ratten verkleideten Kinder los, um das „große Museum" zu erkunden.

In diesen Zusammenhang gehört auch die Entstehungsgeschichte eines Werkes von Christian Boltanski, das sich seit 1994 in der Duisburger Sammlung befindet. Es hat den Titel: „Réserve des enfants de Duisburg" oder „Inventar der Duisburger Kinder". Eingelassen in eine Nische der vorhandenen Architektur ist es durch ein Gitter aus Maschendraht gesichert. Damit wirkt es, als gehöre es schon immer hierher, und erinnert nicht von ungefähr an einen Akten- oder Archivschrank. Boltanski gilt mit seinen Installationen und Environments „als Soziologe der Erinnerung". Auf Initiative des Kindermuseums wurde der in Paris lebende renommierte Künstler eingeladen und ging in Schulen, um sein Projekt vorzustellen. Er bat dann die Schüler, sich von einem ihnen lieb gewordenen Gegenstand zu trennen. Im Gegenzug erhielten sie ein vom Künstler angefertigtes Zertifikat. Mit einem solchen „Inventarzettel" sind auch die knapp 500 Objekte im „Depot" Boltanskis versehen. Sie benennen den gespendeten Gegenstand, geben Alter und

Wohnort der Spender an, zu denen deutsche und ausländische Kinder gehören, und zeigen ein Schwarz-weiß-Foto von ihnen. Zu den ältesten gehört der 1974 geborene Mathias Bartsch, der Gitarrensaiten stiftete, zu den jüngsten die 1989 geborene Lea Struth. Von ihr stammt eine bunte Mütze.

Entstanden ist auf diese Weise nicht nur ein herausragendes Kunstwerk, sondern gleichzeitig eine Art Dokumentation oder ein Archiv über Kinderwelten im ausgehenden 20. Jahrhundert.[71] Es dokumentiert mit seinen Gegenständen aus der Alltagswelt von Kindern zugleich einen Sammlungsbereich, der bislang kaum in Museen vertreten war und der für eine Öffnung des Museums sorgte. Dies geschah zum einen durch die breit publizierte Aufforderung mitzumachen, zum anderen durch den persönlichen Bezug von Eltern und Kindern, der zum Wiederkommen animierte. Diese und ähnliche Aktionen des Kinder-

Abb. 22: Inventar der Duisburger Kinder von Christian Boltanski, 1993

museums erklären auch den hohen Bekanntheitsgrad und die guten Besucherzahlen des Museums in einer Region, die mit großen wirtschaftlichen und sozialen Problemen zu kämpfen hat.

6.4 Zu Ausstellungskonzeptionen

Die Angebotspalette der Kindermuseen ist erstaunlich breit. Sie veranstalten Eltern-, Kinder- und Ferienkurse und richten Kindergeburtstage aus. Es wird an PC-Stationen gearbeitet, es werden Zeitzeugen interviewt, Zeitungen und Radiosendungen entstehen. Und allerorten wird Wasser getestet, sich verkleidet und geschminkt, gekocht, gebacken, getöpfert und nach altem Verfahren Papier geschöpft. Fixpunkt der Arbeit ist aber die Ausstellung, die manchmal über mehrere Jahre läuft, also quasi schon eine feste Abteilung bildet, meist jedoch nur ein paar Monate lang gezeigt wird. Diese interaktiven Mitmach-Schauen sind so konzipiert, dass sie von Kindern allein oder gemeinsam mit ihren Familien bzw. als Gruppe oder im Klassenverband besucht werden können. Sie sind teilweise schon für Besucher ab vier Jahren gedacht, der Schwerpunkt liegt aber bei Kindern im Grundschulalter und darüber. Ihnen wird die Möglichkeit zur selbstbestimmten Rezeption der Inhalte geboten, wobei das geschulte Aufsichtspersonal bereit ist, gelegentlich Tipps und Hilfestellungen zu leisten.

Gemessen an den bescheidenen Anfängen, als es noch keinerlei Erfahrungen mit Ausstellungen für Kinder gab und lediglich in ersten Versuchen wie in der Kunsthalle Karlsruhe die Bilder der Sammlung für die Zielgruppe Kind tiefer gehängt wurden, überrascht die jetzige Vielfalt. Sie zeichnet sich oft durch Farbigkeit und eigens für Kinder gebaute Installationen aus, für die teilweise spezielle Designer verantwortlich zeichnen. Im wesentlichen lassen sich drei Formen und Typen unterscheiden:

- Es gibt die Variante, die eher dem Kreativitätstraining und der Hinführung zur modernen Kunst dient. Dazu gehört einmal das *Schaufenster Schule und Kinderkunst* in Wuppertal. Es ist nach eigenen Aussagen das erste Kindermuseum, das künstlerische Arbeiten von Kindern ausstellt, um andere Kinder zu kreativem Tun zu animieren. Anders dagegen das *Kindermuseum im Wilhelm Lehmbruck Museum* (siehe Kapitel 6.2), das *Junge Museum* in Bottrop und die *Kreative Kinderwerkstatt Halle*. Hier sind es bildende Künstler, die für Kinder Objekte schaffen und diese zu einer Kinder-Ausstellung zusammenstellen. Oder sie leiten in Workshops Kinder und Jugendliche an, im ästhetischen Bereich selbst produktiv zu werden. Die in diesen

Abb. 23: Wasserspielplatz im Kindermuseum Klipp Klapp, Oelde

Kursen entstandenen Werke können ebenfalls in kleinen Ausstellungen präsentiert werden. Einen quantitativ hohen Anteil machen dabei die Arbeiten von Schülerwettbewerben aus. So gestaltete u.a. das Kindermuseum im *Historischen Museum Bremerhaven* Ausstellungen auf diese Weise, und die erste Schau im neuen *Lipsikus* in Leipzig basierte ebenfalls auf einem Wettbewerb (vgl. Kap. 6.6).

- Zum anderen gibt es die gestaltete, die persönliche Handschrift des Ausstellungsmachers tragende Schau, die unter einem Leitthema steht. Bei ihr geht es um die Vermittlung von Erkenntnissen und Lernzusammenhängen, die Kindern anderswo in dieser Art und Weise nicht geboten werden. Diese Form wird in den meisten Kindermuseen praktiziert, die an Museen angeschlossen sind. Zu nennen sind hier das *Kindermuseum des Historischen Museums* in Frankfurt oder das *Junge Museum Speyer*. Aber auch die autonomen Kindermuseen wie die *Kinder- und Jugendmuseen* in München und Nürnberg oder die Initiativen und Vereine mit temporären Ausstellungen wie das *Mobile Museum im Freizeitheim Vahrenwald* in Hannover oder das *Museum unterwegs* in Meißen bevorzugen dieses Modell.
- Schließlich gibt es noch Ausstellungen, bei deren Präsentation verstärkt „Hands on"-Objekte Verwendung finden. Für diesen Typ stehen das *Labyrinth* in Berlin, das *MACHmit! Museum für Kinder*, ebenfalls in Berlin, das *Klipp Klapp* im Freizeitpark Oelde, das *KL!CK*

Kindermuseum in Hamburg, bzw. das *Kinderreich* in München. Sie verfügen mit Wasserlandschaften, Kletterbäumen und Seilgewinden usw. über ein Repertoire, das sich im Laufe der Kindermuseumsbewegung bewährt hat und ursprünglich aus Amerika stammt. Diesen Typ verkörpert am reinsten das *ATLANTIS* in Duisburg.

Subsumieren lassen sich alle diese Varianten unter dem Oberbegriff „Interaktive Ausstellung". Sie präsentieren:

- Objekte und inszenierte Räume
- in einem strukturierten Zusammenhang,
- die selbstbestimmtes, lustvolles Hantieren und
- individuelle, exemplarische Grunderfahrungen
- zu einem Thema ermöglichen.

Ihre Intention ist:

- die Förderung individueller, selbstbestimmter Bildungsprozesse;
- die Förderung der Fähigkeit zur Problemlösung;
- die Förderung von Ausdrucks- Wahrnehmungs- und Kommunikationsfähigkeit.[72]

6.5 Exkurs: ATLANTIS, Stadt der Möglichkeiten

Am weitesten vorgewagt hat sich wohl das *ATLANTIS* in Duisburg bei seinem Versuch, eine „Interaktive Ausstellung" zu schaffen, die modernen Standards entspricht und individuelle Förderprozesse ermöglichen soll. Mit dem *ATLANTIS* sind die Kindermuseen endgültig den Kinderschuhen entwachsen. Es kommt den großen amerikanischen Kindermuseen sehr nahe und setzt mit einem zeitgemäßen Design vor allem auf die Implikate „Spaß" und „Aktion". So kann es mithalten mit anderen aktuellen Beispielen der Freizeitkultur wie Hallenspielplätzen oder Themenparks. Denn hier wie dort bestehen formale Anleihen aus dem kommerziellen Bereich: Das wird vor allem an den stark farbigen, bruchsicheren Materialien deutlich, wie sie in Fast-Food- Restaurants und Möbelcentern schon seit längerer Zeit üblich sind und damit gewissermaßen auch geschmacksbildend wurden, was den Kinder-Freizeitbereich anbetrifft.

Das 2004 eröffnete *ATLANTIS* ist das deutsche Kindermuseum der Superlative. Vorausgegangen war ein in Essen angesiedeltes Modellprojekt Kindermuseum:

- Die Kosten für den Umbau betrugen 13 Mio. Euro, finanziert durch das Land NRW und durch Fördergelder. Die Stadt stellt das Gebäude für 10 Jahre mietfrei zur Verfügung. Der laufende Betrieb mit rund 30 festangestellten Mitarbeitern, Teilzeitbeschäftigten und

Abb. 24: Innenansicht von ATLANTIS, 2004

vielen Ehrenamtlichen muss durch Eintrittsgelder gedeckt werden. Die Besuchererwartung liegt bei 200 000 pro Jahr.[73]

- Es gibt eine ständige Präsentation, Wechselausstellungen und einen kostenlos nutzbaren Bereich auf 60 m² für Kinder im Krabbelalter. Das Architekturkonzept mit drei Ausstellungsebenen auf 2500 m² sieht Transparenz vor. Die einzelnen offen einsehbaren Stationen sind wie folgt gegliedert: „Unter der Stadt – In der Stadt – Über der Stadt". Sie enthalten u.a. ein versunkenes Schiff mit bekletterbarem Mast, eine Ausgrabungsstelle, eine Wasserlandschaft, einen Baum mit offenem Wurzelwerk und begehbaren großen Blättern, die *ATLANTIS*-Baustelle, die „Verkehrslandschaft", einen „Dachboden" mit Verkleidungs- und Schminkstation, das Fernseh- und Tonstudio. Ein vorgegebener Rundgang muss nicht eingeschlagen werden, jeder Bereich kann eigenständig je nach Neugier und Motivation zum Teil schon von Kindern ab vier Jahren erforscht werden. Für Hilfestellungen stehen Museumsscouts bereit. Zusätzliche Informationen gibt es mit Mini-Filmen im sog. Kinderkino. Weiter hat das *ATLANTIS* einen Museumsshop, Gastronomie, Workshopangebote. Natürlich wird auch die Ausrichtung von Kindergeburtstagen organisiert, bei denen die kleinen Gäste wahlweise zu Elfen oder Piraten ausgebildet werden können.[74]

Doch auch das auf den ersten Blick so erfreuliche Konzept von *ATLANTIS* kann über Schattenseiten nicht hinwegtäuschen. Einige wichtige seien hier benannt: Es ist personal- und damit kostenintensiv.

Dies bedingt hohe Eintrittsgelder, die von kinderreichen Familien, Migrantenkindern und sozial Schwächeren nicht aufgebracht werden können. Die offene Ausstellungslandschaft erzeugt zudem einen hohen Lärmpegel und ist der Konzentration und Lernfähigkeit der jugendlichen Besucher abträglich.

6.6 Neuralgischer Punkt Partizipation

Vom Glanz der größeren Einrichtungen darf man sich also nicht täuschen lassen. Unsere Reise durch die Kindermuseumslandschaft schließt auch Enttäuschungen nicht aus. Zu kritisieren sind:

- zu kleine und dunkle Räume, die sich häufig schlecht platziert im Untergeschoss von Gebäuden befinden;
- Ausstellungen, die allzu sehr den Stempel des Selbstgemachten und damit des Unprofessionellen tragen. Oder Ausstellungen, die sicher gut gemeint, aber eher kindertümelnd sind und dem Stand moderner Wissensvermittlung und Pädagogik hinterher hinken. Orientiert sind sie an traditionellen, im konservativen Denken verhafteten Bilderwelten und Werten, die u.a. immer noch durch bestimmte Schul- und Kinderbücher weiter tradiert werden;
- anbiedernde Ausstellungen, die sich betont „modern" geben. Pate scheinen hier die Spielgerätehersteller oder kommerzielle Unterneh-

Abb. 25: Blick in die Ausstellung „Märchenschloss und Zauberwald", Junges Museum Speyer, 2005

men zu sein, zu deren beliebten Angeboten Kinderecken im betont poppigen Plastikdesign gehören. Bei diesen Projekten gewinnt man den Eindruck, dass die Prämissen Spaß, Aktion und Selbermachen im Vordergrund stehen, während thematische Inhalte und der Aspekt Lernen zurücktreten. Dies bewirkt einen hohen Lärmpegel, Fluktuation und große Motorik der Kinder in den an Spiellandschaften erinnernden Ausstellungen. Sie erweisen sich allerdings nicht allein für die Betreuer und die erwachsenen Besucher als ein Problem, sondern wirken sich auch negativ auf die Konzentration der Kinder aus;

- Themen, die vielfach anscheinend über die Köpfe der Kinder hinweg umgesetzt werden und denen es dann an Freiräumen mangelt, um Neugier, Fantasie und Entdeckerlust zu entfalten. Kriterium der Auswahl und Realisierung ist offenbar dabei, was Erwachsene für die Zielgruppe als wichtig erachten – orientiert an klassischen Bildungsvorstellungen. Beispiele dafür finden sich in Begleitausstellungen für Kinder zu den Erwachsenen-(Kunst-)Ausstellungen der Museen oder in mancher Schau mit einem allgemeinen oder historischen Thema. Seltener ist dagegen die thematische Aufbereitung wirklich kindlicher „Brennpunkte" wie Liebe, Freundschaft und Tod. Oder es mangelt an Themen wie Helden oder an Idolen wie Indianer und Ritter. Wichtig für Kinder wären auch Themen wie Hexen, Drogen, Medien, Mode, Sport, Werbung usw.

In den kritisierten Fällen werden die Kindermuseen ihrem eigenen Anspruch nicht gerecht: „ein intelligenter Abenteuerspielplatz und eine institutionalisierte ‚Sendung mit der Maus', eine Werkstätte der Phantasie" zu sein, in der Kinder „ohne pädagogischen Zeigefinger Geheimnissen nachspüren, Fragen stellen, Nachforschungen anstellen, Neuland entdecken" können.[75] Ihr Recht auf die Teilhabe an einer auf ihre Bedürfnisse hin zugeschnittene Kinderkultur ist eingeschränkt.

Damit ist ein anderer Punkt angeschnitten. Fast alle Kindermuseen behaupten von sich, dass bei ihnen Kinder in Beteiligungsprojekten mitwirken, wie es die Kinderrechtskonvention nahe legt, dass also *Partizipation* erfolgt. Doch die Auslegung des Begriffes ist sehr unterschiedlich. In manch einer Initiative wird unter Partizipation schon verstanden, wenn eine Schulklasse im Vorfeld zu einer Ausstellung nach ihren Vorstellungen befragt wird. Andere meinen dagegen die Einbindung der Zielgruppe in Museumsclubs wie in Speyer oder die Ausrichtung von Kreativ-Workshops. Beispiele für derartige musische Aktivitäten bieten die *Kinder-Akademie Fulda*, das *MACHmit! Museum für Kinder* in Berlin oder das *KL!CK* in Hamburg, wo in vorbereitenden Kursen die Stühle für die Cafés bzw. die Kacheln für die Sanitärräume gemeinsam gestaltet wurden. Wieder andere richten unter der Rubrik Partizipation Kinderwettbewerbe aus und zeigen dann die auf diese Weise entstandenen Kinderarbeiten in einer Ausstellung. Ein solcher Wettbewerb wird beispielsweise im *Schaufenster Schule und Kinderkunst* in Wuppertal unter der Rubrik „mail-art" im Jahr 2005/2006 schon zum 20. Mal durchgeführt.

Doch sind Zweifel angebracht, ob diese Aktivitäten wirklich unter dem Begriff Partizipation zu subsumieren sind. Wenn damit kaum mehr als die Einbeziehung der Zielgruppe in ein Gespräch gemeint ist, ist das zu wenig. Denn Gespräche mit Schülern sind an einem Lernort wie dem Kindermuseum eigentlich eine Selbstverständlichkeit. Angemessener aber wären wirkliches „Mitreden" und „Mitwirken". Sicherlich soll zweitens auch kreatives Tun gefördert werden. Und sehr wahrscheinlich erfüllt es Kinder mit Stolz, wenn die von ihnen mitgestalteten Objekte Anwendung finden. Ähnlich mag es ihnen bei den Kinderwettbewerben gehen. Doch auch hier sind Einwände anzumelden. Geht doch die Initiative bei diesen Vorhaben oft nicht von den Kindern aus, sondern von Eltern oder Lehrern als treibender Kraft. Vielfach werden bei ihnen auch Schüler, insbesondere die jüngeren, überfordert, wenn sie sich zu komplexen gesellschaftlichen Fragen äußern sollen. Für die auf Basis von Wettbewerben erarbeiteten Ausstellungen spricht allerdings der Kostenfaktor. Sie sind in der Herstellung relativ preiswert. Zusätzlich sorgen sie durch Ausschreibung in Schulen, Veröffentlichung in Amtsblättern usw. für einen hohen Bekanntheitsgrad. Als Fazit ist festzuhalten: Kinderwettbewerbe machen den Teilnehmern Spaß, stärken ihre Identität und vermögen vielleicht auch Erwachsene über kindliche Seh- und Ausdrucksweisen zu informieren. Ob aber ein junges Besucherpublikum daran großes Interesse hat, muss in Frage gestellt werden. Kinder wollen Informationen über die Welt, in der sie leben, um sich darin besser zurecht zu finden und nicht unbedingt die Widerspiegelung der Welt durch ihresgleichen. Sie legen Wert auf Perfektion und wollen Alternativen zu eigenen Vorstellungen geboten bekommen.

Wahrscheinlich als richtungsweisender einzuschätzen sind die Schritte, die in Halle und München unternommen werden. Das *Krokoseum* hat ein „Hosentaschenmuseum" mit Kinderschätzen eingerichtet. Es liefert damit eine Dokumentation von dem, was Kindern wichtig ist, während das *Kinder- und Jugendmuseum* in München Kinder und Jugendliche als Museumsscouts beschäftigt, um sie künftig in die Ausstellungsplanung einzubeziehen. Eine verstärkte Einbindung der Zielgruppe wird auch in Berlin und Frankfurt/Main praktiziert. Hier gibt es die Bereitschaft der Erwachsenen, sich ernsthaft auf die Kinder und Jugendlichen einzulas-

Abb. 26: Kiosk in der Ausstellung „Herzknistern", Kindermuseum, Frankfurt/M., 2005

sen. Dazu bedarf es einer intensiven Zusammenarbeit, die gleichzusetzen ist mit wechselseitigem Lernen und mit Innovation.

So gingen in die Ausstellung „Villa Global" (2003) im Berliner *Jugendmuseum Schöneberg* die Biografien von über 50 Jugendlichen und Erwachsenen ein, während für die Ausstellung „Herzknistern" (2004/05) das Team vom *Kindermuseum des Historischen Museums Frankfurt/Main* intensiv mit Klassen der Jahrgangsstufen 5-9 zusammenarbeitete. Mit ihnen wurde gemeinsam festgelegt, welche Themenbereiche aufgenommen und welche Aktionen durchgeführt werden sollten. Im Ergebnis war dies ein Prozess, der wesentlich Erscheinungsbild, Inhalte und Eigenschaft des Vorhabens prägte, es damit aber unverwechselbar als eines für junge Leute kenntlich machte. Denn vieles, was die Qualität und den besonderen Reiz dieser Ausstellung ausmacht, wäre ohne die Schülerbeteiligung nicht zustandegekommen: der „Liebe-führt-durch-den-Magen-Kiosk", der „Unglücklich-verliebt-Raum", die „PC-Station zur Gewinnung eines Traumpartners" und das „Orakelzelt für den Blick in die Zukunft".

6.7 Der Blick hinter die Kulissen

Wenn es mit der Partizipation nicht so recht klappt, hat das Gründe. Schauen wir genauer auf die Bedingungen, unter denen gearbeitet wird:
1. Beginnen wir mit der *Personalsituation*. Abgesehen vom *ATLANTIS*, das mit 30 festangestellten und vielen weiteren Mitarbeitern startete, ist die Personaldecke in der Regel eher dünn. So gibt es viele Kindermuseen, die quasi als Ein-Personenunternehmen fungieren. Andere haben keine/n Leiter/in, sondern die Abteilung wird nebenbei von einem Kustoden bzw. einer Kustodin des Muttermuseums mitbetreut. Wechselt die betroffene Person dann den Arbeitsplatz, erlischt im Haus auch das Interesse an einem Kindermuseum. Dies ist beispielsweise der Fall im *Kindermuseum im Saarlandmuseum* in Saarbrücken. 1997 wurde hier ein Konzept für ein Kindermuseum erstellt, das temporär arbeitete und als familienorientiertes Zusatzprogramm das Angebot des Museums erweiterte. So wurden in der Studiogalerie zu den großen Schauen des Hauses auch solche für Kinder eingerichtet: 1997 eine zum Thema Renaissance, 2001 eine zu Monet und 2003 eine zu dem russischen Maler Repin.

Dazu kommt noch, dass die Motivation häufig nicht sehr hoch ist. Eine Ausbildung zum/zur Museumspädagogen/in oder zum/zur Kindermuseumsleiter/in existiert bislang nicht. Da zusätzlich noch gilt, im Kindermuseum seien keine wissenschaftlichen Lorbeeren zu ernten, übernehmen häufig Frauen diesen Job, oft nur mit den Qualifikationen ausgestattet, Frau und/oder Mutter bzw. selbst einmal Kind gewesen zu sein. Eine zweite häufige Variante ist die, dass Volontäre oder ABM-Kräfte für die Arbeit abgestellt werden. Diese Praxis aber führt zu Überforderungen auf Seiten des Personals und zu häufigem Wechsel bzw. mangelnder Kontinuität in den Konzepten. Ein Fakt, der sich negativ auf die Arbeit des Kindermuseums auswirkt.
2. Mit der *Raumsituation* ist es nicht besser bestellt. Über wirklich großzügige Bedingungen verfügen bislang vor allem die autonomen Kindermuseen. Führend ist wiederum das *ATLANTIS* mit 2500 m² Fläche, gefolgt von der *Kinder-Akademie* in Fulda mit 2000 m² und das im Stadtteilzentrum Vahrenwald in Hannvover, das zumindest temporär über eine ebensolche Fläche verfügen kann. Ähnlich ist die Situation beim *Jungen Museum* in Speyer, das je nach Bedarf und Thema maximal 1600 m², mindestens aber 600 m² für Ausstellungen nutzen kann. Daran schließen sich das Hamburger *KL!CK* und das Berliner *MACHmit! Museum für Kinder* an, beide mit jeweils 1500 m². Danach kommen mit 1300 m² das *PleaseTouch* im Jugendzentrum Glashütte und das

Kinderreich im Deutschen Museum. Damit liegt letzteres als feste Einrichtung im Museumsbereich vorn. Dann folgt das *Kinder-Erlebnisreich* in Dresden mit knapp 500 m². Die Mehrzahl der Museums-Kindermuseen verfügt aber nur über eine Fläche von rund 100 m². Das entspricht einer Vier-Zimmer-Wohnung und wird den Ansprüchen an eine sinnvolle Arbeit mit Schulklassen und Gruppen nicht gerecht.
3. Auch die *Finanzsituation* lässt zu wünschen übrig. Kindermuseen sind durchweg gut besucht. An einem Sonntag kamen beispielsweise im Jahr 2005 in die Oster-Ausstellung des Kinder- und Jugendmuseums Nürnberg 1500 Besucher. Das zeigt: Kindermuseen bringen durch Eintrittsgelder einiges ein, haben aber dennoch zu kämpfen. Die musealen Einrichtungen können zwar über bestimmte Serviceleistungen des „Mutterhauses" verfügen, häufig aber gibt es keinen gesicherten Etat für die Aktionen. Müssen in Zeiten leerer Kassen die Mittel jeweils neu beantragt werden, besteht zusätzlich die Gefahr, dass sie zugunsten anderer Vorhaben für Erwachsene gestrichen werden. Dementsprechend dürftig fällt oft das Budget aus, und Ausstellungen und Begleitmaterialien müssen sozusagen mit fast Nichts realisiert werden. So verrät das Design seine Nähe zum Handwerkermarkt und die hektografierten Handzettel sind ohne das Zutun eines Grafikers entstanden.

Die autonomen Kindermuseen sind deshalb gezwungen, um überhaupt existieren zu können, hohe Eintrittsgelder zu nehmen. So zahlt ein Kind im Jahr 2005 im Duisburger *ATLANTIS* 7,50 € bzw. in der *Kinder-Akademie Fulda* für einen Museumsbesuch mit Sonderausstellung „Herz" 7 €. Solche Summen können aber nur bestimmte Schichten für ihre Kinder ausgeben, schlechter gestellte Gruppen werden ausgeschlossen. Das gilt nicht nur für Einzelbesucher, sondern auch für den Ausflug mit der Klasse oder Kindergartengruppe. Damit aber besteht die Gefahr einer Elitebildung, die einer großen Anzahl von Kindern den Zugang zu einer ihnen gemäßen Kinderkultur verschließt. Gerade dies aber sollte verhindert werden. Denn: „Die Machart eines Kindermuseums, das auch bei kurzen Besuchen nachhaltige Erlebnisse bietet, ist möglicherweise die erste und einzige außerschulische Chance für Kinder, sich mit der eigenen Wahrnehmung und kulturellen Objektivationen eigenständig und selbstbestimmt auseinanderzusetzen."[76]

- Die Ursache für diese Phänomene ist in der *mangelnden Einsicht in die Belange der Kinder* zu suchen. Daran hat sich auch nach mehr als 35 Jahren Kindermuseen in Deutschland nicht durchgängig etwas geändert – trotz Kinderrechtsbewegung und Verabschiedung der Kinderrechte. In der Praxis sind sie noch nicht eingelöst. Wohl findet ein verstärkter öffentlicher Diskurs über Kinderthemen statt. Bezogen auf das Museum fordert die Kindheitsforscherin Donata Elschenbroich in ihrem Erfolgsbuch „Weltwissen der Siebenjährigen", dass dieser Altersgruppe die Chance gegeben werden müsse, die „Wunderkammer Museum" kennen zu lernen und eine eigene Sammlung anzulegen, um die „Botschaft der Dinge" mit ihrer Aura zu begreifen, um ein Gefühl dafür zu bekommen, dass sich „die Welt verändert."[77]

- Von der Einlösung dieser Forderung sind wir noch weit entfernt. Eher scheint es, als sei die Beschäftigung mit Kindern eine gewinnbringende Modeerscheinung. Die Politik und vor allem die Wirtschaftswerbung haben vorgemacht, Kinder für eigene Interessen erfolgreich zu instrumentalisieren. Auf die Institution Museum übertragen heißt das: Man setzt im Zeitalter der musealen Vielfalt mit ca. 5000 Museen in Deutschland und ca. 92 Millionen Besuchern pro Jahr auf die Eventkultur mit Erlebnisgastronomie, Konzerten, Modeschauen und Einrichtungen wie die „Lange Nacht der Museen". Im Bereich Kinder reicht es aber nur zu geringfügigen Investitionen. Wohl soll mit Kindern als Pfand auf größere Lebendigkeit und Zukunftsvorsorge gesetzt werden. Eine optimistische Annahme unterstellt, heutige Kinder würden ihre Angehörigen mitbringen, um dann, einmal mit dem Museum vertraut, als Erwachsene gemeinsam mit dem eigenen Nachwuchs wiederzukommen. Zusätzlich ist es im Zusammenhang mit PISA und der Klage über das schlechte Abschneiden deutscher Schüler im internationalen Leistungsvergleich modern geworden, sich an die Debatte um den Bildungsnotstand anzuhängen. In der Folge wird hierbei von einzelnen Häusern so manche Aktion mit Alibicharakter getätigt, um an Fördergelder zu kommen, die der Bund bzw. einzelne Verbände vergeben, um Defizite abzubauen. Diese Aktionen haben mit den Bedürfnissen von Kindern wenig zu tun und erhärten die Vermutung, dass Kinder und Jugendliche als Besuchergruppen vor allem unter wirtschaftlichen Gesichtspunkten umworben werden und dass in diesem Zusammenhang das Kindermuseum für Kinderfreundlichkeit herhalten muss. Die Folge sind zu kleine Räume, Ausstellungen, die keine persönliche Handschrift tragen und das Fehlen eigener zukunftsweisender Sammlungen mit Gegenständen vergangener und zeitgenössischer Kinderkultur. Das heißt verkennen, was das Kindermuseum für die jetzigen jungen und kommenden Generationen bedeuten könnte: Lernort- und Spielstätte, Orientierungsort und Identifikationsmöglichkeit in einer immer komplizierteren Welt zu sein, in der die Familie, aber auch die Schule mit dem Auftrag der Sozialisierung junger Menschen überfordert sind.

7. Ratschläge für die Praxis

7.1 Erster Brief an künftige Kollegen

Dieses Kapitel mit eher praxisorientierten Ratschlägen wendet sich an engagierte Bürger, Museumsleute, Architekten, Designer und Pädagogen. Es enthält Gedanken zur Gründung eines Kindermuseumsvereines, gefolgt von Überlegungen für eine kindgerechte Architektur bzw. für kindgemäße Ausstellungen. Es schließen sich Tipps für Pädagogen an zur Vorbereitung und Nutzung dieser Angebote für einen Ausflug mit Kindern ins Kindermuseum und dessen mögliche Nachbereitung. Am Anfang dieses Kapitels stehen zwei (fiktive) Briefe, die thematisieren, welche Grundvoraussetzungen jetzige und künftige Mitarbeiter eines Kindermuseums mitbringen sollten.

Liebe Kollegin, lieber Kollege,
ich habe gehört, Ihr habt Euch in letzter Zeit einige Kindermuseen angesehen, auch etwas an Literatur darüber gelesen. Ihr habt also den Vorsatz, Euch für die Gründung eines Kindermuseums einzusetzen oder zumindest über spezielle Ausstellungen und Aktionen für Kinder (und ihre Familien) erste Schritte in diese Richtung zu unternehmen.
Dazu gratuliere ich und hoffe, Ihr werdet diese Pläne erfolgreich umsetzen können. Wenn ich Euch jetzt ein paar Ratschläge gebe, sollen sie Euer Engagement nicht dämpfen, ganz im Gegenteil.

Zuerst: Warum wollt Ihr ein Kindermuseum gründen? Weil es gerade im Trend liegt, von Kindern zu reden – auch im Museums- und Ausstellungsbereich? Weil Ihr Euch wünscht, damit in Eurem Haus die Besucherzahlen in die Höhe zu treiben? Oder hofft Ihr, in Zeiten knapper Kassen an Sondermittel zu kommen? Oder, weil Ihr von der Idee wirklich überzeugt seid? Weil hier nämlich die größere Lebendigkeit herrscht und Kindern ein unkonventioneller und vor allem selbstaktiver Zugang zur Welt möglich gemacht wird, der ähnlich auch für Erwachsene gelten sollte.

Gut, ich sehe Euch zustimmend nicken. Ihr wollt ein Kindermuseum und damit ein Zielgruppenmuseum: Dabei ist aber die lebendige Vermittlungsarbeit, ausgerichtet an den Bedürfnissen der Kinder, das zentrale Motiv und nicht wie sonst im Museum das Sammeln, Forschen und Bewahren. Dies umzusetzen, ist nicht einfach und erfordert Zugeständnisse von allen Seiten. Reibungsverluste können durch so genannte „Sachzwänge" entstehen:

- *durch die unterschiedliche Gewichtung von Interessen im Haus – hier Pädagogik, dort wissenschaftliche Forschung;*
- *durch die mangelnde Finanzsicherheit in Zeiten knapper Kassen, die Verhandlungsgeschick, Geduld und Überzeugungskraft erfordern, um die Etats zu sichern;*
- *durch die Frage, wieviel Raum den Kindern im Haus überlassen werden soll, welche anderen Bereiche sich dafür einschränken müssen;*
- *durch die möglichen Klagen erwachsener Besucher wegen der Lärmbelästigung durch Kinder, Schwierigkeiten mit dem Aufsichtspersonal, das nicht entsprechend geschult ist usw.*

Ihr zeigt Euch weiterhin optimistisch? Ihr bleibt bei den guten Vorsätzen? Dann folgt jetzt die Überlegung, was man für die Arbeit mitbringen soll. Ich meine, dass dazu notwendig sind:

- *die Einsicht, dass man nicht der erste und einzige ist, der das macht. Vielmehr gibt es Kollegen, von deren Erfahrungen man profitieren kann. Nicht jeder muss das Rad der Geschichte neu erfinden;*
- *Spaß an der Ausstellungsarbeit für und mit Kindern, die sich aufgrund der Wahrnehmungsbedingungen und Rezeptionsweisen von Kindern von denen der Erwachsenen unterscheiden und entsprechend anders konzipiert und umgesetzt werden müssen;*
- *Kenntnisse im ästhetisch-kreativen Bereich. Diese sind notwendig, um Kurse, Workshops etc. zu organisieren, die neben den Ausstellungen das „zweite Standbein" der Kindermuseumsarbeit ausmachen;*
- *Interesse an Fragen der Architektur für Kinder. Dazu gehört die Überlegung: Neubau, ja oder nein? Wie finanzieren? Oder wenn es um Räume im Haus oder anderswo geht: Wieviel Platz wird wofür gebraucht und in welcher Umgebung fühlen sich Kinder wohl?*

Ach ja, da fehlt doch noch etwas. Es braucht vor allem Liebe und viel Sympathie für Kinder (eigentlich eine Selbstverständlichkeit). Und wichtig sind auch pädagogische Grundkenntnisse. Auf diese werde ich in einem weiteren Brief noch ausführlicher zurückkommen. Für heute genug der Ratschläge.

Ich hoffe, ich konnte Euch weiterhelfen und grüße herzlich.

Euer Kindermuseumsfreund

P.S.:
Noch ein Hinweis: Zwar fehlen bislang noch Ausbildungswege zum/zur Museumspädagogen/in und für den Schwerpunkt Kindermuseum, aber man kann sich fortbilden. Workshops, Qualifikationen, Zertifikatkurse werden beispielsweise angeboten von:
Bundesverband Museumspädagogik e.V. (www.museumspaedagogik.org)
Bundesakademie für kulturelle Bildung Wolfenbüttel (www.bundesakademie.de)
Akademie Remscheid (www.akademieremscheid.de)
und den Regionalen Museumsverbänden.

7.2 Zweiter Brief an künftige Kollegen

Liebe Kollegin, lieber Kollege,
vor kurzem sandte ich Euch ein paar Überlegungen zur Gründung eines Kindermuseums. Hoffentlich waren sie von Nutzen. Jetzt will ich noch einmal auf die Sache mit der Pädagogik eingehen. Dafür muss ich ein wenig ausholen. Kinder stellen nämlich keine homogene, statische Gruppe dar:

- *Ihr Wissensstand, Können, Auftreten und ihre Ausdrucksweise haben sich in den letzten Jahren entscheidend verändert. Sie wirken reifer, selbstständiger und kompetenter als ihre Altersgenossen noch vor wenigen Jahren. Ein Siebenjähriger heute hat den Stand eines Zehnjährigen von früher. Und dieser Trend scheint anzuhalten.*
- *Hinzu kommen schichtenspezifische und familiäre Unterschiede. Es ist ein Unterschied, ob man als Einzelkind oder in der größeren Familie, ob im Reihenhaus mit Garten oder im Mietshaus aufwächst; auf dem Land oder in der Stadt, ob man aus einer deutschen oder einer ausländischen Familie kommt.*
- *In der Gruppe der Grundschulpflichtigen bestehen große Unterscheide, was kognitive Fähigkeiten, Wünsche und Vorstellungen angeht. Wieviel anders reagieren dann Vorschulkinder oder 12-Jährige, die häufig schon nicht mehr als Kinder bezeichnet werden wollen.*
- *Eine wesentliche Rolle spielt auch der Sonderaspekt Junge-Mädchen. Jungen haben andere Vorlieben als Mädchen und sind sich in bestimmten Phasen ihrer Entwicklung manchmal „spinnefeind“, manchmal dagegen finden sie sich einfach „süß“.*

Also lautet mein Rat, soviel wie möglich über Kinder in Erfahrung zu bringen. Dazu gehört auch eine Vorstellung von ihrem Tagesablauf und eine ungefähre Kenntnis davon, was in der Schule abläuft. Man sollte in etwa wissen, was in den Lehrplänen steht, den Schüler (und Lehrer) verarbeiten müssen. Das wird später bei Planung und Realisation von Ausstellungen hilfreich sein und auch die Zusammenarbeit mit Pädagogen erleichtern. Doch nun zu den Kindern selbst:

- *Was sind ihre Lieblingsbeschäftigungen?*
- *Womit identifizieren sie sich? Wovor haben sie Angst?*
- *Wie kleiden sie sich, was finden sie schön, welche Farben lieben sie?*
- *Welche Bücher und Zeitschriften lesen sie, was sehen sie gern in TV oder Kino? Welche Musik oder welche Sendungen hören sie im Radio? Wie fit sind sie am Computer?*
- *Welche Rolle spielen Freundschaften?*
- *Welche Bedeutung können Tiere in ihrem Leben einnehmen?*
- *Welches sind ihre Vorbilder, Leitbilder? Oder auch ihre altersbedingten Vorurteile?*
- *Wie urteilen sie über Politiker? Wie sehen sie andere Völker, Ethnien (auch im eigenen Land)?*

Das sind nur einige von vielen möglichen Fragen. Wenn man sie als Erwachsener beantwortet, wird deutlich, dass zwischen ihren und unseren Vorlieben oft Welten liegen.
Rap oder Pop, die Musik, die Kinder mögen, ist nicht unbedingt unser Fall – umgekehrt ist Klassik aber kaum etwas für sie. Ebenso können wir den Farben Pink oder Giftgrün wenig abgewinnen, Kinder „stehen" darauf. Und fragt man sie nach ihren Vorbildern, kommt die Antwort spontan. Es sind die Großeltern, sozial engagierte Menschen oder bestimmte Medienstars, denen wir sicher oft weniger abgewinnen können.
Bei diesen Unterschieden kann es nicht darum gehen, Kindern unsere Vorstellungen aufzunötigen. Vielmehr sollten wir ihre Aussagen ernst nehmen und zugleich fragen, wofür sie stehen? Warum bewundern Kinder andere Leute und andere Dinge als wir? Welche Form der Identifizierung findet dabei statt? Welche Wünsche, Sehnsüchte stehen dahinter?

Jetzt stellt sich die Frage: Wo lernt man Kinder so gut kennen, um ihren Vorlieben nachspüren zu können? Das geht eigentlich überall. Auf dem Spielplatz, dem Schulhof, im Kinderkino. Wichtig ist dabei,
- *mit ihnen in einer vertrauensvollen und entspannten Atmosphäre zu reden. Fragen an sie gilt es als offene Fragen zu formulieren, die nicht nur allein mit „Ja" und „Nein" beantwortet werden können. Es sollte immer auch die Frage nach dem „Warum" gestellt werden;*
- *im Gespräch geduldig und aufmerksam zuzuhören, auf Geheimsprachen*

und Zeichen, Mimik und Gestik zu achten, auch hinter scheinbar Nebensächliches zu kommen. Wahrnehmen, wohin ihre Aufmerksamkeit geht, wenn bei ihnen das Interesse am Thema nachzulassen scheint und sie sich anderen Dingen zuwenden. Und Zeichen der Verständigung mit anderen Kindern müssen registriert und Mitteilungen wahrgenommen werden, die vordergründig nichts mit dem Inhalt des Gesprächs zu tun haben. Diese kleinen Botschaften können der Schlüssel zur Kenntnis davon sein, was Kinder bewegt und interessiert. In der Pädagogik spricht man in diesem Zusammenhang vom „heimlichen Lehrplan", der ähnlich ernst zu nehmen ist wie der offizielle.

Das klingt nach Anstrengung und Mühe, ist es aber nicht unbedingt. Es ist eher eine Frage der Einstellung. Bin ich bereit, Kinder vollauf zu akzeptieren und auch von ihnen etwas zu lernen? Ist dies der Fall, so kann ich sie in Planungsprozesse einbeziehen und die Zielvorstellung Partizipation umsetzen – womit ein „Quantensprung" in Sachen Qualität zu erreichen ist.

Soweit für heute. Lasst Euch nicht entmutigen, auch wenn die Anforderungen auf den ersten Blick recht hoch erscheinen. Ihr werdet sehen: Die Arbeit mit Kindern macht großen Spaß, der Einsatz lohnt sich!

Bis dahin, schöne Grüße
Euer Kindermuseumsfreund

7.3 Ratschläge zur Vereinsgründung

Nach den Überlegungen zur notwendigen pädagogischen Qualifikation (Kapitel 7.1 und 7.2) soll nun ein Interview Einblick in die Praxis und die Anforderungen der Vereinsarbeit geben. Geführt wurde es mit Marie-Louise Buchczik, die 1987 in Frankfurt/Main den Verein *Kaleidoskop* gründete und Mitmachbaustellen sowie Wanderausstellungen realisierte. Im Mittelpunkt des Gesprächs stehen ihre Ratschläge für diejenigen, die selbst einen Kindermuseumsverein planen.[78]

Was gab den Anstoß zur Gründung des Vereins?
B.: Ich habe mir in Amerika viele Kindermuseen angeschaut und wollte dann auch eines in Frankfurt machen. Dazu haben wir die sieben Leute, die für eine Vereinsgründung notwendig sind, aus dem Bekanntenkreis zusammengetrommelt. Es sollte sofort losgehen. Ganz naiv waren wir, aber es war auch schön. Also haben wir eine Pressekampagne und einen

Aufruf gestartet. Wir informierten, dass wir interessierte Leute suchten, die im Verein und bei Ausstellungen mitmachen, oder uns eben durch Spenden unterstützen wollten. Unsere erste Ausstellung 1990 wurde die „Mitmachbaustelle". Sie fand in einer leerstehenden Fabrikhalle statt. Es ging dabei um das Bauen in all seinen Facetten. Wir haben richtig mit Leichtmörtel und kleinen Steinen gemauert, Pflaster gelegt mit Verbundsteinen und Basaltstein und hatten eine riesengroße Lehmbaustelle, auf der wir in verschiedenen Varianten bauten.

Wie ging es dann weiter?
Wir stellten uns das so vor (und anfangs sah es auch so aus, als ob das klappen würde): eine Ausstellung, alle sind begeistert, dann geht es weiter, und bald haben wir das eigene Kindermuseum. Wir hatten auch schon Zusagen von der Politik. Allerdings war es uns damals noch nicht so klar, dass diese nicht unbedingt bindend sein müssen. So hat es leider mit dem Fernziel autonomes Kindermuseum nicht geklappt.

Hast Du eine Vorstellung, woran das gelegen haben könnte?
Es war ein Fehler, nicht zu trennen in eine „Machergruppe" und in die „Vereinsgruppe". Bei den ersten Ausstellungen waren wir noch eine Truppe von 20 oder 25 Leuten, die alle ehrenamtlich oder gegen ein bescheidenes Honorar mitgemacht haben. Dann bröckelte das ab. Es gab Ärger im Verein, und einige Leute sind ausgestiegen.

Nachdem die Vorgabe „eigenes Kindermuseum" immer weiter weggesteckt werden musste, habt ihr euch bemüht, in den Museen Fuß zu fassen?
Das ist uns teilweise ganz gut gelungen. Wenn es klappte, dann, weil man uns kannte und der Auftraggeber in der Hierarchie oben stand und das Sagen hatte. So konnten wir im Frankfurter Museum für Kommunikation nach einer größeren Ausstellung noch einen Folgeauftrag realisieren, die sogenannte „Kinderwerkstatt". Und für weitere Projekte sind wir als harter Kern weiterhin offen.

Wie lauten deine Ratschläge zur Gründung eines Kindermuseumsvereins?
1. Grundvoraussetzung ist ein gutes Gefühl für Kinder, Fantasie und ein Empfinden für Objekte.
2. Man braucht einen langen Atem. Man muss sich gut überlegen, wie jung man so etwas anfängt. Viele Tätigkeiten bestehen aus harter Knochenarbeit. Ist man außerdem auf Dauer bereit, für die gute Sache viel Zeit zu investieren? Zumal wenn das bedeuten kann, auch finanzielle Einbußen hinnehmen zu müssen.

Abb. 27: Kinderwerkstatt im Museum für Kommunikation Frankfurt/M.

3. Man muss klare Strukturen haben. Eine oder einer muss der Chef sein. Man darf nicht so tun, als ob alle gleich sind. Einer muss den Hut aufhaben und sagen: Das machen wir.
4. Man darf sich nicht zu sehr auf die Politik und mögliche Zusagen verlassen. Ideal wäre es, einen persönlichen Mäzen zu finden, der einem das Haus oder die Räume „spendet".
5. Nicht bei Null anfangen, ein Grundkapital sollte vorhanden sein, damit man einfache Basisarbeiten delegieren und sich auf längerfristige Planungen einlassen kann. Das setzt Zeit frei für die notwendige Arbeit der Konzeption und die nicht minder wichtige Arbeit der Akquise, um Geld und Materialien für neue Projekte nutzen zu können.
6. Sich bemühen, einen großen Pool an Ehrenamtlichen zu erhalten und bei der Gruppenzusammensetzung darauf zu achten, dass nach Möglichkeit ein Architekt und ein Designer dabei sind. Wenn dann noch Handwerker hinzu kommen, um so besser. Dann braucht man jemanden, der sich mit der Wirtschaft auskennt, damit die Buchhaltung klappt. Wichtig ist es außerdem, einen festen Fundraiser anzustellen, der die notwendigen Gelder besorgt. Das allerdings wird zunehmend schwieriger, da inzwischen fast jede Einrichtung ihren eigenen hat.
7. Ein gutes Gespür bei der Auswahl der Betreuer ist wichtig. Ihre Arbeit muss anerkannt werden. Also sich Zeit nehmen für Gespräche

mit ihnen: Sie machen meist für wenig Geld die harte Arbeit von Aufbau, Abbau und Betreuung und müssen viel Lärm und Stress aushalten. Man sollte sie motivieren und ihnen das Gefühl geben, dass es „ihr Ding" ist.

8. Bei der Themenwahl nicht allein davon ausgehen, wie wichtig diese einem selbst sind. Ab und zu Abstriche machen von dem, was man gern möchte. Eine Rolle sollte eben auch die Überlegung spielen, wen man ansprechen und für sich gewinnen will. Wichtig kann es auch sein, zu prüfen: Was ist zur Zeit ein Thema? Gibt es dafür Geld von Stiftungen, kommunalen oder staatlichen Stellen?
9. Die Arbeit des Kindermuseums nicht mit Sozialarbeit verwechseln. Die sollte anderswo gemacht werden. Also Eintritt nehmen, auch wenn er niedrig ist, damit klar ist, dass Kinder nicht jeden Tag kommen können. Das führt zu Vandalismus. Wenn sie doch jeden Tag kommen, dann muss man sie zu Betreuungs- oder sogar Instandsetzungsaufgaben heranziehen. Wichtig sind Kinder bei der Themenfindung. Partizipation kann aber nicht heißen, die komplette Ausstellung mit ihnen zu gestalten. Diese müssen für die Dauer gebaut werden und Tausende von Besuchern aushalten. Da kann ich Kinder nicht viel machen lassen.
10. Gute Pressearbeit leisten. Zu den Ausstellungseröffnungen die wichtigen Leute einladen, die man für die weitere Zusammenarbeit gewinnen will, sei es für die Ausstellungsübernahme oder für die Konzeption und Realisierung eines neuen Projektes. Sich selbst als Verein in Erinnerung bringen durch eine kleine Publikation oder ein Faltblatt, das auch an andere Institutionen verschickt werden sollte. In den amerikanischen Kindermuseen ist das allgemein üblich. Es ist leicht herzustellen, dient der allgemeinen Information und zugleich der Motivation der Mitarbeiter. Es informiert über den Verein, über Planungen und enthält ein Dankeschön an Mitarbeiter und Spender.

7.4 Zur Architektur von Kindermuseen

7.4.1 Zu Gast an vielen Orten

Kindermuseen, die von Anfang an als Neubau geplant und als eigenständiges Gebäude umgesetzt wurden, gibt es bislang nur im Ausland – in den USA vor allem. Hierzulande kommt es inzwischen vereinzelt vor, dass Kindermuseen in die Gesamtplanung für einen Museumsneubau einbezogen werden. Dies ist beispielsweise der Fall beim Neubau des Stadtgeschichtlichen Museums in Leipzig (2004) oder beim *Creaviva* in

Bern (2005). Dort entstand nach dem Entwurf des italienischen Stararchitekten Renzo Piano, selbst Vater und Befürworter von Kindermuseen, am Ortsrand der Stadt eine „grüne Insel". Aus ihr erhebt „sich das Zentrum Paul Klee in Form von drei Terrainartikulationen, die ins Gelände eingreifen".[79] Das Kindermuseum selbst liegt zentral im Eingangsbereich. Platziert im ersten Untergeschoss ist es von außen einsehbar. Diese Positionierung mit ihrer Transparenz ist beabsichtigt. Sie steht (ganz im Sinne von Paul Klee, der selbst Kinderkunst schuf) für ein lebendiges Museum, das nicht nur Erwachsenen offen steht, sondern Kinder bewusst einbezieht.[80]

Weitaus häufiger wird es allerdings darum gehen, vorhandene Räume für ein Kindermuseum umzubauen. Dies waren bislang in erster Linie Räume in Museen, die mit der Zuordnung zur Pädagogik einer neuen Nutzung zugeführt wurden. Oder es waren Industriedenkmäler wie die historische Mühle beim *Klipp Klapp* in Oelde, ehemalige Fabrikhallen wie bei der *Kinder-Akademie* in Fulda oder dem *Labyrinth*

Abb. 28: Kindermuseum Klipp Klapp in Oelde, Historische Mühle und moderner Anbau

Kindermuseum in Berlin. Hinzu kamen noch Depots oder Wohn- und Geschäftshäuser, die in ein Kinder- und Jugendmuseum umgewandelt wurden. In Berlin am Prenzlauer Berg war es sogar eine neogotische Kirche, in die das *MACHmit! Kindermuseum* einzog.

7.4.2 Vorläuferprojekte

Was die Planung von Bauten für Kinder angeht, hat bereits in den 80er Jahren Walter Kroner, damals Leiter des Instituts für Schulbau an der Universität Stuttgart, wichtige Impulse gegeben. In seiner Lehre wurden Architekturstudenten durch vorbereitende Seminare an die Planung eher kindgerechter Bauten herangeführt. Zu den Semesteraufgaben gehörten u. a. Entwürfe für ein Kinderdorf, eine kinderfreundliche Gaststätte, für eine Zooschule, ein Jugendtheater und Kinderhäuser in der Innenstadt. Diese Entwürfe wurden dann in einer Ausstellung auch der Öffentlichkeit vorgestellt. In einem der Lehrprojekte ging es zusätzlich um den Entwurf eines Kindermuseums – damals noch eine Rarität und nicht stark verwurzelt im allgemeinen Bewusstsein. Zur Vorbereitung für diese Aufgabe machten sich die Studenten durch Gespräche mit Fachleuten und Exkursionen zu bundesdeutschen Museen, speziell zum Kindermuseum Karlsruhe, mit der Geschichte der Kindermuseen vertraut. Für den konkreten Entwurf wurden dann den Studenten zwei Standorte zur Wahl gestellt: „Das nicht mehr genutzte Obergeschoss einer Straßenbahnhalle im Osten der Stadt, in deren hinteren Teil sich bereits Räume für ein Jugendzentrum befanden und eine unbebaute Fläche im Stuttgarter Oberen Schlossgarten direkt neben dem Gebäude des Kunstvereins“.[81]

Grundlage für die Entwürfe waren die im vorausgehenden Seminar entwickelten Raumprogramme. Zum Konzept von Susanne Schmid für das Kindermuseum im Schlosspark, das zweigeschossig angelegt war, gehörte eine große Glasfassade, um Einblicke zu gewähren und Neugier zu wecken. Unten waren Aktionsräume vorgesehen, oben sollte es Ausstellungs- und Seminarräume enthalten. Besonders reizvoll am Entwurf und insbesondere attraktiv für Kinder war der Turm, der für aktuelle Sonderausstellungen genutzt werden sollte.

Die Ergebnisse dieser Lehrprojekte für kinderfreundliches Bauen wurden in Werkstattberichten publiziert. Dennoch blieben diese Bemühungen vor Ort bislang ohne konkrete Folgen. Zwar hat sich in Stuttgart 1997 der Verein *Exploratorium* etabliert, der die Absicht verfolgt, für Stuttgart und die Region ein Kinder- und Jugendmuseum einzurichten, doch scheint dieses Ziel in weite Ferne gerückt zu sein.

Abb. 29: Außenansicht des „Explora", Rom

Anderenorts allerdings sind unabhängig von diesen frühen Entwürfen verblüffend ähnliche Konzeptionen umgesetzt worden. Das *Explora* in Rom (2001 eröffnet) zog in ein Straßenbahndepot aus dem Jugendstil und das *Please Touch* in Köln (seit 2004) ist Teil des dortigen Jugendzentrums.

7.4.3 „Denksteine" zum Bauen für Kinder

Für erste eigene Überlegungen zur Planung von Kindermuseen mögen auch die „Denksteine" von Nutzen sein, die Walter Kroner aufgrund von Befragungen von Kindern und Erwachsenen vor gut einem Jahrzehnt im Rahmen einer Buchveröffentlichung zusammengestellt hat. Kroner unterscheidet darin nach Gestaltungs- und Nutzungsqualitäten.[82] Zu den Gestaltungsqualitäten zählen u.a. Farbigkeit und Material, das „äußere Erscheinungsbild", das für Kinder „eine besondere Orientierungskraft" hat. Eingänge als „gestaltete Gesten, die die Kinder empfangen" und „Haus-Symbole" wie das „auffällige Bauelement" als „sinnbildhafte(s) Wahrnehmungs- und Wiedererkennungszeichen" Nutzungsqualitäten sind dagegen „Eigenschaften der gebauten Umwelt, die für die Kommunikations- und Aktionsbedürfnisse der Kinder eine besondere Rolle spielen".

Abb. 30: Werkstattraum im Kinder- und Jugendmuseum Schöneberg, 2004

Von beiden Elementen sind hier die für unseren Zusammenhang vielleicht wichtigsten zusammengefasst wiedergegeben:

- Obwohl Kinder viel Platz brauchen und ein zentraler Gemeinschaftsort für gemeinsame Aktionen wichtig ist, braucht es auch Rückzugsmöglichkeiten. Geboten werden diese durch kleinere Räume mit Türen oder Nischen, Ecken oder Winkeln. Sie eignen sich, um die bei Kinder beliebten Höhlen zu bauen.
- Treppen können mehrere Funktionen haben. Sie dienen nicht nur dem Zugang zu höher gelegenen Räumen, sie sind auch zum Sitzen, Ausruhen, Verstecken da und dienen der Motorik. Im Wechsel von oben und unten vermitteln sie, ähnlich wie auf einem Podium oder bei hohen Räumen die eingezogene Galerie, neue Perspektiven. Entsprechend beliebt sind Türme, Hochsitze, Baumhäuser usw.
- Fenster, Schalter, Waschbecken etc. müssen so angebracht werden, dass Kinder sie auch selbsttätig benutzen können. Möbel sind mehr als Zweckgegenstände, man kann sie auch gut zum Spielen, Bauen etc. nutzen. Sie sollten also flexibel anwendbar sein. Hohen Wert hat die Kochecke und großes Gewicht wird auf ausreichenden Platz zum Aufbewahren der unterschiedlichsten Dinge gelegt.
- Kinder machen auch innerhalb des Hauses gern Dinge, die wetterabhängig sind und eigentlich nach draußen gehören. Die „Nutzungs-

qualität“ der inneren Räume kann durch „Außenraumeigenschaften“ wie Wintergärten oder Glashäuser erweitert werden. Ebenso sollte der Außenbereich kinderfreundlich gestaltet werden, um zusätzliche Aktionsmöglichkeiten zu bieten.

- Weiter sind Kinder fasziniert von Natur in jeder Form. Die Betreuung von Tieren, das Züchten von Pflanzen und die Anlage von Biotopen steht hoch in ihrer Gunst.

7.4.4 Planungsprinzipien für Kindermuseen

Will man nun ein ansprechendes Kindermuseum realisieren, stellt sich die Frage nach den Grundvoraussetzungen. Eine nicht zu unterschätzende Rolle spielen naturgemäß im Vorfeld die Finanzen. Sie entscheiden mit über Aufwand und Größe der Bauvorhaben und die Auswahl der Architektur- und Designbüros, mit denen die Wunschvorstellungen abzustimmen sind. Notwendig und/oder erstrebenswert sind:

- ein oder mehrere Ausstellungsräume, bei Bedarf teilbar und separat zu erschließen;
- ein oder mehrere Werkräume, unterschieden nach der jeweiligen Funktion (mit Wasseranschluss, mit Spülbecken zum Auswaschen von Pinseln usw., mit ausreichend Stauraum und Möglichkeiten zur Lagerung von Materialien, bzw. zur Anlage eines eigenen Kindermuseum-Archivs);
- ein multifunktionaler Raum für Eröffnungen, Theater- oder Filmvorführungen;
- Rückzugsbereiche zum Entspannen, Lesen etc. mit einem vielseitigen und praktischen Mobiliar. Einer dieser Räume sollte mit einer kleinen Küchenzeile ausgestattet sein für die Ausrichtung von Geburtstagsfeiern usw.;
- Büroräume;
- Sanitärbereiche;
- möglicherweise Räume für ein Café, einen Museumsladen und ein benutzbarer Außenbereich (Innenhof oder Garten).

Das waren gewissermaßen Planspiele. Wie sieht es nun in der Praxis aus?

Das Hamburger Kindermuseum *KL!CK* ist seit Sommer 2004 nach langer Vorbereitungs- und Bauphase eröffnet. Es zog in ein Gemeindezentrum und ist damit ein noch junges Beispiel für die Umgestaltung einer vorhandenen Bausubstanz. Konzipiert wurde es nach Prinzipien, deren Kenntnis anderen Initiativen bei der Vorbereitung und Durchführung ihrer Projekte hilfreich sein könnten:

- Es ist kein Hallenmuseum, das mit viel Hektik und Lärm verbunden ist. Diese stören (auch) die Besucher und sind für die Betreuer belastend. Vielmehr sind hier die Aktionsbereiche klar definiert.

- Es ist ein „Mitmachmuseum". In unterschiedlich hohen und großen Räumen ist Konzentration möglich. Sie bieten ein geeignetes Umfeld, um individuelle und sinnliche Erfahrungen möglich zu machen und erlauben Motorik bei Kindern und Jugendlichen. Wildes „Knopfdrücken" bei Exponaten gibt es dagegen nicht.
- Es ist ein „Werkstattmuseum" zum vertieften Mitmachen und Qualifizieren von Jugendlichen und Erwachsenen.
- Es herrscht eine klare Orientierung für die Besucher durch Raumstruktur und Farbkonzept. Diese Übersichtlichkeit führt für Kinder zu Eigenständigkeit.
- Wirtschaftlichkeit ist gegeben durch von außen sichtbare Ausstellungsräume, Verkaufs- und Restaurationsräume; ein Betrieb mit geringem Personaleinsatz ist möglich.
- Es besteht Schwellenfreiheit für Rollstuhlfahrer, Sichtbehinderte.
- Es existiert die Einbindung/Vernetzung in den Stadtteil und das soziale Umfeld.[83]

Geleitet wird das Kindermuseum von Margot Reinig, verantwortlich für die Planung und den Ausbau des *KL!CK* zeichnet das Büro PLAN-R mit dem Architekten Klaus Joachim Reinig. Das 1500 m² große Kindermuseum liegt in der Großsiedlung Osdorfer Born in Hamburg Altona in einem Gemeindezentrum aus den 1970er Jahren. Nach dem Umbau beherbergt der Gebäudekomplex nun eine Kirche, einen christlichen Kindergarten und das Kindermuseum, das über Ausstellungsflächen, Café, Shop und einen Versammlungsraum verfügt.

Beim Umbau wurde der alte Eingang zum Foyer des Kindermuseums. Er bietet den Kindern ein hohes Potenzial zur Identifikation mit ihrem Museum. Gestaltet ist er mit einem „Stangenwald" mit integriertem Periskop und Hörrohr, die zum Spielen einladen. Ähnlich originell schützen im Außenbereich ein überdimensionaler Stuhl nebst Tisch nicht allein vor Wetterunbilden, sondern ermöglichen auch eine Umkehrung der Verhältnisse: „Erwachsene werden zu Liliputanern".

Die Kirchengemeinde hat die Räume an das Kindermuseum vermietet, das von einem Verein getragen wird und auf Sponsorenmittel angewiesen ist. Die laufenden Kosten müssen weitgehend durch Eintrittsgelder abgedeckt werden. Für den Umbau gab es allerdings einen Zuschuss von den Behörden. Laut Reinig leistet der Verein einen großen „Beitrag für die Revitalisierung der Stadtteil- und Kinderarbeit". Dabei haben „Kirche und Kindermuseum unter einem Dach .... ein gemeinsames Anliegen: die Menschen zu ermutigen, aktiv am Gemein-

Abb. 31: Spiel mit den Proportionen, Außenansicht von KL!CK Kindermuseum, 2004

de- und Familienleben, an Gesellschaft und Kultur teilzunehmen und offen zu sein für neue Erfahrungen. Es gibt viel zu entdecken".[84]

7.5 Zur Ausstellungsgestaltung

7.5.1 Eine Vielfalt von Angeboten

Mit der Gründung der frühen Kindermuseen wurden erste tastende Schritte in Hinblick auf die Ausstellungspraxis für Kinder unternommen. Inzwischen haben die Ausstellungen ein anderes Gesicht angenommen, und es haben sich sogar Gestalterbüros speziell auf diese Arbeit spezialisiert. Dank der größeren Erfahrung und einer teilweisen Vernetzung oder Kooperation zwischen den einzelnen Institutionen ergaben sich vermehrt Möglichkeiten zu Ausstellungsübernahmen. Auf diese Weise konnten sie nicht nur an mehreren Orten gezeigt werden, es gelang teilweise auch, sie kostengünstiger, effektiver und zugleich ansprechender zu gestalten. So schickten beispielsweise die Kindermuseen in Berlin, Duisburg, Frankfurt und München Ausstellungen auf die Reise, die dann u.a. in Hannover, Köln und Graz usw. gezeigt wurden.

Ein Hinweis auf die mögliche Ausstellungsübernahme fand sich beispielsweise 2005 auf der Internetpräsentation vom *KL!CK* in Hamburg:

Ausstellungen on tour KL!CK ONTOUR Körper und Gesundheit: Sie können die Ausstellung ‚So bin ICH' bei uns ausleihen. Sie braucht mindestens 100 qm Platz und kostet 5000 € im Monat Leihgebühr einschließlich eines Betreuers von uns.

Daneben spezialisierten sich einige kleine private Initiativen auf die Gestaltung und den Verleih von mobilen Ausstellungen. Zu nennen sind hier:

- das *Mobile Musiktheater* von Michael Bradke in Düsseldorf
- das *Mobile Kindermuseum* in Geesthacht
- *Ougenweid & Dollerey* aus Werbach/Brunntal
- die *Ochsenfurter Spielbaustelle.*

Sie alle verleihen ihre mobilen Ausstellungen an Schulen, Museen oder andere Einrichtungen, die keine eigenen Kinderaktivitäten ausrichten. Die Preise dafür schwanken zwischen 80 € und 400 € pro Tag für Ausstellung plus pädagogische Betreuung. Darüber hinaus gibt das Braunschweiger *Prokik* nicht nur Ausstellungsmodule weiter, sondern berät auch in Fragen der Ausstellungskonzeption und der Didaktik von Kindermuseen. Für Beratung und Information steht der Bundesverband der deutschen Kinder- und Jugendmuseen e.V. bereit.[85]

7.5.2 Übernehmen oder Selbstgestalten?

Wird nun von einer Initiative, einem Museum etc. angestrebt, eine Ausstellung für Kinder zu zeigen oder selbst zu machen, ist im Vorfeld zu überlegen:

- Sind geeignete Räume vorhanden?
- Welcher Ausstellungs-Typus soll realisiert werden?
- Soll die Ausstellung selbst gestaltet oder übernommen werden?
- Wenn es um eine Eigenproduktion geht: Sind Gelder vorhanden, damit sie professionell von einem Designer(büro) gestaltet wird? Kinder basteln zwar gern, die Produktionen für sie sollten aber nicht nach Selbstgebasteltem aussehen.

Doch die wichtigste Vorüberlegung hat dem Thema zu gelten. Dabei ist nicht so entscheidend, was Erwachsene meinen, was Kinder interessieren sollte. Das sind sicher keine Themen, die allzu eng mit schulischen Lerninhalten und tradierten Bildungswerten zusammenhängen. Vielmehr müssen Erfahrungswelten von Kindern und Jugendlichen, ihre Bedürfnisse, Wünsche und Interessen als Maßstab genommen, Hintergründe angedeutet und Alternativen zu bestehenden Vorstellungen aufgezeigt werden. Damit reichen die für Kinder besonders geeigneten

Themen „vom Alltagsgeschehen, Natur und Umwelt, dem eigenen Körper, fremden Kulturen, Wissenschaft und Technik bis zum Weltraum und Raumfahrt oder der grauen Vorzeit mit urzeitlichen Dinos. Kurzum: Alles, was die Kinder besonders fasziniert und beschäftigt und was sie in ihrer normalen Welt nicht können oder dürfen."[86]

Zugleich sollten Kinder auch die Chance haben, zu „Wort" zu kommen, ihre Sicht der Dinge einzubringen und eine eigene Interpretation der Dinge zu entwickeln. Sie werden dabei als Persönlichkeiten mit „Vorwissen" wahrgenommen, die bei freien Kinderkursen, in der Zusammenarbeit mit Schulen, in Denkwerkstätten oder über Evaluation eine Partnerschaft mit den Ausstellungsplanern eingehen.

Geht es dann an die konkrete Umsetzung, gilt es zu berücksichtigen:

- Kinder brauchen Platz für Bewegung. Sie müssen ihre Motorik befriedigen können.
- Es bestehen hohe Anforderungen an die Sicherheitsbestimmungen, große Haltbarkeit und Belastbarkeit müssen garantiert sein.
- Erklärende Texttafeln, wie bei vielen Erwachsenen-Präsentationen inzwischen üblich, sind bei Kinderausstellungen nicht unbedingt geeignet. Gedrucktes erinnert leicht an Schule (und damit an Zwang) und wird deshalb abgelehnt.
- Es muss eine klare Aufteilung in unterschiedliche „Abenteuerbereiche"[87] geben, die Übersichtlichkeit garantiert und eine Orientierung leicht macht. Es muss weiter gefragt werden, ob die Ausstellung an „Bekanntes, Gekonntes aus der Lebenswelt" der Kinder anknüpft. Hat sie „Aufforderungscharakter", macht sie „neugierig durch Rätselhaftes, Verblüffendes"? Ist sie handlungsorientiert, ist der „Spannungsbogen dem Alter ... der Altersgruppe entsprechend handhabbar, der Ergonomie angemessen"? Wie steht es mit der Ästhetik? Ist das Design ansprechend und steht es in Bezug zu dem Thema? Erscheint die Technik in diese Präsentation sinnvoll eingebettet oder führt sie quasi ein Eigenleben?[88]
- Kinder zeichnet eine „Kunst der Umdeutung und der Mehrdeutigkeit" aus. So wird ein Ding nicht nur in seiner Stofflichkeit wahrgenommen, sondern es wird mit Eigenschaften und Fähigkeiten ausgestattet: Steine können reden, Gegenstände werden zu Schutzgeistern. Entsprechend sollte eine Kinderausstellung auch für diese Kunst der Mehrdeutigkeit Freiräume schaffen. Parallel dazu muss man dem Bedürfnis nach Taktilem entgegenkommen. Laut Wolfgang Zacharias, dem theoretischen Vordenker von Didaktik und Methodik der Kindermuseen, wäre es optimal, wenn die ausgestellten Objekte in zweierlei Form vorhanden wären. Nötig wäre dazu das Original-

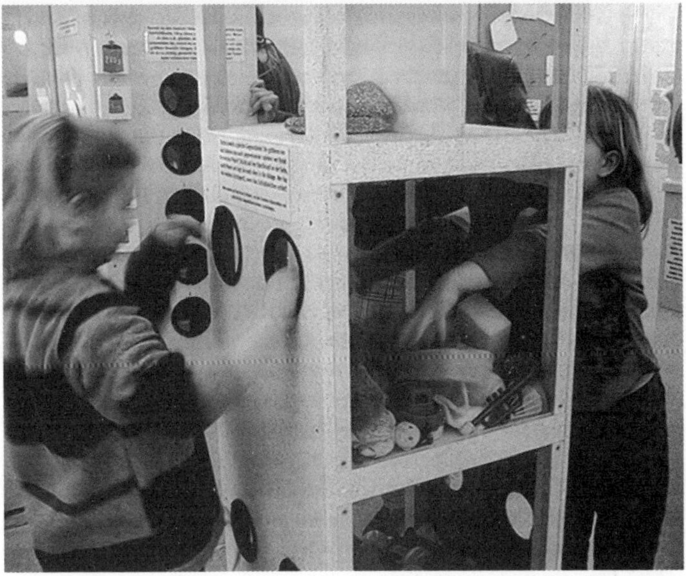

Abb. 32: Sinnessäule in der Ausstellung „Labyrinth der Sinne“, 2003, Miraculum, Aurich

objekt, das natürlich durch Glas oder anderes durchsichtiges Material geschützt präsentiert werden muss. Zusätzlich käme zum Anfassen die Kopie oder Reproduktion hinzu. Diese wäre dann eine „Spielsache“ im Bezug zum Ausstellungsobjekt in der Vitrine.[89]

Zusammenfassend sei hier Martin Krämer zitiert, der über eine langjährige Erfahrung im Ausstellungsbereich verfügt. Nach seiner Vorstellung sollten Inhalte

> bildlich oder gegenständlich vermittelt werden. Räumliche Inszenierungen müssen drastisch sein oder Entdeckungsmöglichkeiten bieten. Der weitgehende Verzicht auf Texte macht andere Elemente notwendig, die narrativen Charakter haben können wie Serien von Bildtafeln, Gucklöchern und Hörstationen. Mitteilungen müssen manchmal versteckt werden. Der Eindruck, nur einen Teil der Ausstellung entdeckt zu haben, ist bei Kindern im Gegensatz zu Erwachsenen eher positiv. Selbstverständlich spielt die Interaktion eine große Rolle. Weit mehr als Erwachsene sind Kinder bereit zuzupacken. Das kann negativ sein, wenn die Gestaltung nicht darauf vorbereitet ist. Das bedeutet eine große Chance, wenn dieser Mutwille in die Gestaltung als Erweiterung des Spielraumes einbezogen ist. Dann

werden in einer Ausstellung auch Dinge entdeckt, die hinter Kisten verborgen sind, und auch durch Gucklöcher unmittelbar über dem Fußboden wird gespäht. Die Bildwerke oder Objekte enthüllen ihre Bedeutung erst dann, wenn vor- und zurückgegangen wird. Verweilen, Sinnen, Träumen, Stöbern, all das ist in einer Ausstellung für Kinder selbstverständlich. Und eben dieses kommt dem Charakter dieses Mediums sehr entgegen.[90]

7.6 Tipps für Pädagogen

7.6.1 Begleitprogramme

Ausstellungen der Kindermuseen sind schon an sich anziehend, thematische Angebote rund um das jeweilige Projekt lassen sie jedoch noch interessanter erscheinen. Dazu ein paar Beispiele. Das *Krokoseum* in Halle veranstaltet u.a. Medienwerkstätten, in denen Kinder sich als „Regisseure und Computerexperten" einbringen können oder es wird ein Buch unter Erprobung unterschiedlicher Drucktechniken hergestellt. Ein vielseitiges Programm für Kindergärten und Schulen bietet auch das *Klipp Klapp* in Oelde an, das idyllisch in schöner Parklandschaft liegt und im Kernbereich in einer alten Wassermühle untergebracht ist. Ausgangspunkt bei vielen Oelder Aktionen ist die „Mühle am rauschenden Bach", die mit einem Spiel erkundet wird. Für Kinder ab fünf Jahren geht es dann u.a. um „Sinnesreisen", „Wiesengeheimnisse" und „Backspaß und Kochvergnügen". Bei den Angeboten für Schüler der ersten bis sechsten Klasse wird ein Wasserrad gebaut oder die Spur des Bachflohkrebses erkundet.[91]

Wie ein solches betreutes Programm ablaufen kann, sei hier exemplarisch am Beispiel des *Jugendmuseums Schöneberg* und seiner Ausstellung „Wunderkammern – Wunderkisten" skizziert. Mit dieser Schau wurde das Jugendmuseum eröffnet. Sie lief über Jahre und wird nun, neu konzipiert und gestrafft zu einer Art Dauerausstellung erhoben, im Keller des Hauses gezeigt. Im Jugendmuseum geht es um geschichtliche Themen und ihren Zusammenhang mit der Gegenwart. Nach Aussage von Museumsleiterin Petra Zwaka besteht das Ziel darin,

> ... jungen Menschen neue Erfahrungen und Begegnungen mit ‚Geschichte' zu ermöglichen. Wir experimentieren mit Arbeits- und Darstellungsformen, die thematisch um die Frage gruppiert sind, wie es möglich ist, die Gleichgültigkeit gegenüber der gegenständlichen Umwelt, gegenüber der eigenen Geschichte und der Zukunft aufzuheben. Dabei versteht sich das Museum als Ausgangspunkt, von dem aus Stadtgeschichte angeeignet wer-

den kann, wo also Kinder im Museum wie auch durch ihre Untersuchungen im Stadtraum erfahren, ihre Umwelt und deren historische Dimension bewusster wahrzunehmen und sie aktiv mitzugestalten.[92]

Die Wunderkammer-Ausstellung entstand in Anspielung an die frühe Idee der Kunst- und Wunderkammern (vgl. Kapitel 3.2) und dreht sich „um das Sammeln und den Wert des Bewahrens, ... um das Entdecken und Forschen und die Suche nach den verborgenen Bedeutungen alter Dinge für heutiges Leben."[93] „Schätze" wie Haushaltsgeräte, Möbel, Kleidung, Modelle, Spielzeug und persönliche Erinnerungsstücke wurden gesammelt, an denen sich, zusammengestellt u.a. zu Themenbereichen wie „Wohnen, andere Lebensformen, Schule, Leben und Sterben" zweihundert Jahre Alltagskultur in einem Berliner Stadtbezirk ablesen lässt. Die Objekte, zumeist nicht hinter Glas, waren ursprünglich in über 50 leuchtend gelben großen Transportkisten präsentiert und dürfen angefasst werden. Damit gleicht die Installation einem „begehbaren

Abb. 33: Jugendmuseum Schöneberg, Blick in die Ausstellung „Wunderkammern – Wunderkisten"

Buch", bietet sinnliche und emotionale Reize und fordert die Besucher durch Beschriftungen und Symbole nicht nur zur Spurensuche heraus, sondern will auch zur Mitgestaltung animieren.

Ein Projekttag mit einer Grundschulklasse dauerte in Verbindung mit dieser Ausstellung mehrere Stunden und begann mit einer Zeitreise in die Zukunft:

> Die Kinder werden außerhalb der Ausstellungsräume von einer Mitarbeiterin des Museums empfangen und durch eine dunkle Schleuse in einen futuristisch hergerichteten Raum geführt. Dort sitzt eine „Archivarin" im Jahr 2099 und versucht Dinge von vor 100 Jahren zu katalogisieren: Das Rad eines Rollerblade, eine Kassette, eine Barbie, ein Überraschungsei. Die ihr zur Verfügung stehenden Hilfsmittel reichen zur Identifikation der „historischen" Objekte nicht aus, sie ist auf die Hilfe der Kinder angewiesen. Als Experten können diese mit der Frau aus der Zukunft Kontakt aufnehmen und ihr behilflich sein ... [94]

Damit scheint den Schülern „begreifbar", was Dinge von früher berichten, wozu Fachleute im Museum gebraucht werden und welche Hilfsmittel sie bei ihrer Arbeit benutzen. Nachdem sie auf diese Weise zu „Experten" in Sachen Geschichte und zu „Museumsmitarbeitern" geworden sind, wird die Klasse aufgeteilt. In kleinen Gruppen nehmen die Schüler nun die Ausstellung kritisch unter die Lupe. Ihr Spezialauftrag dabei lautet, sich jeweils mit dem Inhalt einer der Wunderkisten genauer zu beschäftigen. Welche das sein soll, können sie selbst festlegen. Sie entscheiden sich damit auch zugleich für eine „Forschungsarbeit". Diese aber führt sie zu anderen Wunderkisten, die sich in den Werkstatträumen des Kellers befinden und entsprechende Objekte enthalten. Sie gilt es unter Zuhilfenahme von entsprechendem Archiv- und Bildmaterial einzuordnen.

> Unter der Anleitung von Theater-, Kunst- und Medienpädagogen und -pädagoginnen entscheiden die Kinder, ob sie eine ganze Kiste (eine große oder kleine) oder auch nur ein Objekt „zum Sprechen" bringen wollen. Wir legen viel Wert darauf, dass jedes Kind dabei eine individuelle Ausdrucksform für seine Erfahrungen bei der Museums- und Geschichtsarbeit findet. Je nach Nei-gung können die Schüler aus verschiedenen Angeboten wählen, entsprechend ausgestattete Werkstatträume bieten Entfaltungsraum für gegenständliche Tätigkeiten, Rollenspiele und Theater sowie eine mediale Artikulation für die Erlebnisse der Ausstellung.
>
> Am Ende jedes Projekttages stellen sich die Gruppen ihre Ergebnisse gegenseitig vor. Die Kinder erfahren nicht nur, welche Geschichten sich

hinter den anderen Kisten verbergen könnten, sondern auch, wie vielfältig die eigenen Erfahrungen zum Ausdruck gebracht werden können.[95]

Die knappe Schilderung eines solchen Projekttages sollte zur konkreteren Vorstellung des angewandten methodisch-didaktischen Vorgehens dienen. Die Grundprinzipien dabei sind: Freizügigkeit im Angebot der Themen, selbstständiges und kreatives Lernen an unterschiedlichen Stationen, Methodenvielfalt und die Orientierung an Interessen und Bedürfnissen der Zielgruppe. Dabei geht es um viel mehr als die Erarbeitung der im Museum präsentierten Inhalte. Gefördert wird nämlich zugleich eine Form von Geschichtsbewusstsein und historischem Denken, wie es die moderne Geschichtsdidaktik für Kinder im Grundschulbereich fordert, die im Unterricht dort aber nicht so selbstverständlich einzulösen sind. Dank der Anschaulichkeit der Objekte und dank der kindgerechten medialen Aufbereitung im Museum werden neben der Identität und dem moralischen Bewusstsein auch gestärkt:

- ein Temporal- oder Zeitbewusstsein, ausgehend von den Vergleichen früher/heute/morgen;
- das Wirklichkeitsbewusstsein mit der Fähigkeit zur Unterscheidung zwischen wirklich und erfunden/fiktiv/imaginär;
- das Historizitätsbewusstsein mit der Differenzierung zwischen statisch und veränderlich.[96]

Das Schöneberger Konzept kommt an, wie aus den Reaktionen der jungen Besucher zu schließen ist. Für eine Schülerin war es das „beste Museum, das ich je gesehen habe" und für andere war es „schöner als in der Schule". Andere gaben an, u.a. auch deshalb gern dort gewesen zu sein, weil Theater gespielt und gebastelt wurde. Denn anders als im traditionellen Museum und beim schulischen Frontalunterricht wurde dem Bedürfnis nach manueller Tätigkeit und Motorik Rechnung getragen. Zugleich konnte das Bedürfnis befriedigt werden, einmal in andere als gewohnte Rollen schlüpfen zu können. Und schließlich wird noch als besonders positiv hervorgehoben, „dass die Leute hier so freundlich sind und so gute Ideen hatten, ... dass man alles Anfassen durfte und nicht gleich Ärger gekriegt hat". Das sind Äußerungen, die negative Erfahrungen der Schüler widerspiegeln. In ihnen schwingt eine Kritik an den Erwachsenen und der Lehrerrolle mit, unterstreicht aber gleichzeitig die Bedeutung neuer Bezugspersonen und Ansprechpartner für die Schüler. Entsprechend reicht ihre Bewertungsskala von „lehrreich und hat viel Spaß gemacht" bis zu „sehr spannend, fesselnd, aufregend".[97] Das sind Noten, die dank der Anschauung und der selbstbestimmten Aneignung der Inhalte sonst kaum im schulischen Bereich verteilt werden. Sie sprechen für die Nutzung der Kinder- und Jugendmuseen als wichtige alternative Erfahrungs- und Lernorte.

7.6.2 Der Ausflug

Wie sieht es nun für Lehrer und Pädagogen aus, wenn sie diese oder andere Angebote nutzen und ein Kindermuseum mit der Klasse oder Gruppe besuchen wollen? Was ist zu bedenken, damit der Besuch ein Erfolg wird? Hier ein paar Hinweise. Es geht dabei um folgende Fragen, die abzuklären sind:

- Für welche Altersstufe eignet sich die Ausstellung?
- Was erwartet uns dort?
- Soll der Besuch vorbereitet werden und wenn ja, wie?
- Welche Verhaltensregeln sind zu beachten?
- Soll eine Nachbereitung stattfinden und wenn ja, wie könnte sie aussehen?

Soweit zu den ersten Vorüberlegungen. Dazu kommen aus Sicht des Museums noch folgende Anmerkungen:

- Bitte daran denken, sich rechtzeitig anzumelden.
- Bitte sich an die vorgegebene Altersempfehlung halten.
- Keinen Besuch im „Zweierpack" planen. Der Aufenthalt im Kindermuseum vermittelt genügend nachhaltige Erlebnisse. Die Schüler müssen danach nicht noch in den Zoo oder in eine Gemäldegalerie.
- Kaugummis sind nicht erwünscht und im Ausstellungsbereich darf aufgrund der Sicherheits- und Hygienebestimmungen und zum Schutz der Objekte nichts verzehrt werden. In den meisten Kindermuseen sind aber gesonderte Räume vorhanden, in denen die Schüler ihr Pausenbrot essen können.
- Es gibt, anders als bei den meist chronologisch angeordneten Ausstellungen für Erwachsene, keine unbedingt einzuhaltende Reihenfolge.
- Kindermuseen sind Orte, wo sich Lernen kaum so vollzieht wie in der Schule. Die Schüler werden hier durch Anschauen, Vergleichen und Ausprobieren selbstbestimmt Erfahrungen machen können. Dazu dienen die einzelnen Ausstellungsinstallationen und „Hands-on"-Objekte, die zu eigenem Tun animieren. Zu ihnen kommen dann noch häufig Materialien wie Suchspiele, ein Quiz, die Kindermuseumszeitung etc.
- Die Lehrerrolle kann abgelegt werden. Bei einem betreuten Besuch stehen Mitarbeiter des betreffenden Kinder- und Jugendmuseums bereit, um Ihre Schüler zu begrüßen, ihnen eine Einführung zu

geben und sie dann ihrem Tun an den einzelnen Stationen zu überlassen bzw. sie dabei anzuleiten. Zu diesem Programm können dann auch vielfach noch Rollenspiele, Verkleidungsaktionen oder kreative Beschäftigungen gehören.

7.6.3 Literatur zum Thema

Häufig wünschen sich Lehrer und Pädagogen zur Einarbeitung in ein Thema einführende Literatur. Für unser Thema könnten zweierlei Informationen von Nutzen sein: Einmal natürlich zum speziellen Ausstellungsthema und zweitens zum Museum an sich. Dazu gibt es erste Informationen im Internet, aber viele der Kindermuseen bereiten zu ihren Ausstellungen auch Publikationen vor, die sich gut zur Vorbereitung eignen. Eine CD mit Aussagen der an der Planung beteiligten Schüler, von denen auch die Bilder der Ausstellung stammten, wurde beispielsweise im Leipziger *Lipsikus* zur Ausstellung „Leipzig im Winter" erstellt. Das *Kindermuseum des Historischen Museums* in Frankfurt präsentierte neben Kinderkatalogen, Rallyes und Spielen im Jahr 2004/2005 eine „Wanderkarte" durch seine Ausstellung „Herzknistern". Das *Junge Museum Speyer* stellte eine „Bilder-Spiel-und Bastelmappe" zu seiner Ritter-Ausstellung zusammen.

Diese Publikationen wenden sich unmittelbar an die Zielgruppe, bzw. enthalten auch Wissenswertes für Erwachsene oder Vorschläge für kreative Tätigkeiten zu Hause. Im *Kindermuseum des Wilhelm Lehmbruck Museums* in Duisburg werden Bücher und Plakate mit Zusatzinformationen zu den ausgestellten Künstlern herausgegeben. Einmal war es, besonders ansprechend, ein Kästchen zum Thema „Kunst" mit einem Begleitheft und einem „Sammelsurium zum Anschauen und Mitmachen". Und in der Ausstellung im *Miraculum* „Vom Höhlenmensch zum Internet" in Aurich (2003) gab es ein Heft, in dem sämtliche Infotafeln der Ausstellung mit Texten und Bildern reproduziert waren. Es enthielt auch den Lageplan der rund 20 Installationen und informierte damit zugleich, worum es bei der „Höhlenmalerei", beim mittelalterlichen „Skriptorium", der „Camera obscura", in der „Druckerei" oder bei den „Radio- und Internet"-Stationen usw. ging und was man dort ausprobieren und lernen konnte. Auch zu erwähnen sind die elektronischen Publikationen, die Websites der Kindermuseen, die teilweise über Informationen zu Ausstellungen und Veranstaltungshinweise hinaus virtuelle Rundgänge, Hintergrundwissen, Spiele, Quiz-Spiele, Foren und Kreativvorschläge bereitstellen. Oft werden diese Seiten in Zusammenarbeit mit Kindern erstellt und haben einen Aufforderungscharakter, sich mit den Inhalten der Ausstellung weiter zu beschäftigen oder selbst aktiv zu werden (z.B. *www. kindermuseum.fez-wuhlheide.de, www.miraculum-aurich.de/homepage/machmitmuseum/index.html, www.kidimu.muc.kobis.de/kidimu/frame_kidimu.htm).*

Kommen wir nun zum Aspekt Museum im Allgemeinen. Hilfreich ist hier sicher unsere Übersicht über die Entwicklung der Museen und speziell der Kindermuseen mit Angaben zur weiterführenden Literatur. Allerdings wendet sich diese an die Erwachsenen, während für Kinder bislang noch eine umfassende Publikation über die Geschichte der Museen und insbesondere der Kindermuseen fehlt. Zwar gibt es inzwischen eine ganze Reihe von Publikationen, die sich mit bestimmten Künstlern oder einzelnen Museen bzw. den Museen einer ganzen Region beschäftigen.[98] Die meisten dieser Veröffentlichungen richten sich allerdings an jüngere Kinder und sind wenig überzeugend in dem Bemühen, durch starke Vereinfachungen komplexe Zusammenhänge zu erläutern.[99] Gut gefallen haben uns dagegen zwei Bücher, die wir Schülern ab 10 Jahren empfehlen, um sich möglicherweise allgemein mit den Themen Kunst, Geschichte und dem Museum auseinander zu setzen. An ein orientalisches Märchen erinnert die Erzählung von Roberto Piumini „Eine Welt für Madurer".[100] Sie handelt von der Freundschaft eines Künstlers mit einem Jungen und thematisiert den Entstehungsprozess von Malerei. In Andreas Steinhöfels „Beschützer der Diebe"[101] ist das Pergamonmuseum in Berlin mit seinen unterirdischen Gängen und Depots Tatort einer Krimihandlung, bei der der Leser zugleich einiges über Museologie und Archäologie erfährt.

7.6.4 Schülerprojekt Mini-Museum

Wird von Lehrerseite zusätzlich zum Museumsbesuch eine Vor- oder Nachbereitung mit den Schülern gewünscht, bietet sich beispielsweise an:

1. Es kann der Internetauftritt des Kindermuseums angeschaut werden, das mit der Klasse besucht werden soll. Dazu kann die entsprechende Seite gemeinsam mit den Kindern aufgesucht und ihr Inhalt diskutiert werden. Häufig gibt es dort neben der Selbstdarstellung und den allgemeinen Informationen zu Öffnungszeiten, Preisen und Aktionen auch Quizfragen etc. Sie enthalten für Kinder die Möglichkeit, sich selbst einzubringen. Interessant ist dann im Nachhinein die kritische Überprüfung der Inhalte. Was für Vorstellungen wurden geweckt, sind sie erfüllt worden? Wie könnten die Informationen verbessert werden? Wie würde eine von den Schülern gestaltete Seite aussehen? Dazu

gehören auch Statements, mit denen zum Besuch zu- oder abgeraten wird. Nach dem Motto: Zwei oder drei gute Gründe, warum es sich lohnt (oder vielleicht auch nicht), das Kinder- und Jugendmuseum zu besuchen, allein, mit Freunden oder mit Verwandten.

2. Sinnvoll sind auch kreativ-praktische Tätigkeiten, die mit dem Museum und seiner Verpflichtung zum Sammeln, Bewahren und Erhalten zu tun haben:

- Viel Spaß macht es, eine Zeitreise in die Vergangenheit zu unternehmen. Ausgehend von den historischen Objekten im Museum wird von jedem Schüler eines ausgesucht, das ihn besonders fasziniert. Es wird dann, nachdem die Schüler sich sachkundig gemacht haben, durch ihn zum „sprechenden" Gegenstand, der eine (seine) Geschichte erzählt. Das kann wie bei einem Projekt der Klassen 6c und 6e der Marienschule Limburg in etwa so klingen: „Ich bin eine Schreibfeder und kam in der Antike zur Welt ..."[102]
- Mit Eifer sind Kinder als Reporter mit Straßenumfragen unterwegs und fragen: Wer war schon einmal in der Ausstellung? Wie hat es den Leuten gefallen? Würden sie es weiter empfehlen und warum?
- Die Schüler können Interviews mit Zeitzeugen, Eltern und Großeltern zu den Dingen und Inhalten machen, die im Kindermuseum vorgestellt und angesprochen wurden. Wie war das bei euch? Woran könnt ihr euch erinnern? Damit werden sie zu Geschichtsforschern, die sich der Methode der Oral History verschrieben haben. Dabei ist zu berücksichtigen, dass Erinnern Auswählen bedeutet und aus „dem Zusammenspiel von Vergessen und Erinnern ... eine bestimmte Interpretation der Vergangenheit"[103] erwächst. Wichtig sind dabei natürlich die Fragen und die

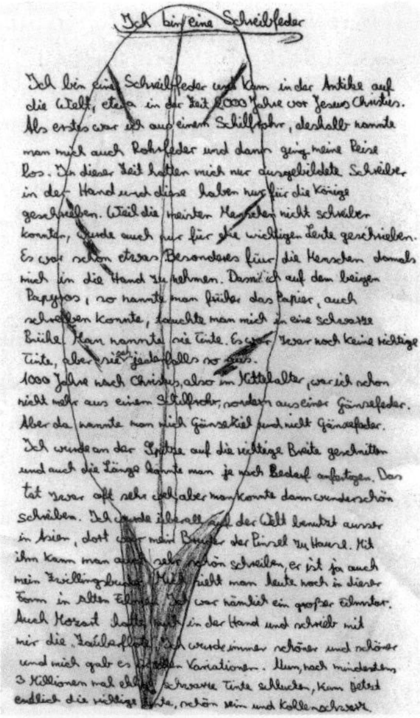
Ich bin eine Schreibfeder

Ich bin eine Schreibfeder und kam in der Antike auf die Welt, etwa in der Zeit 2000 Jahre vor Jesus Christus. Als erstes war ich aus einem Schilfrohr, deshalb nannte man mich auch Rohrfeder und dann ging meine Reise los. In dieser Zeit hatten mich nur ausgebildete Schreiber in der Hand und diese haben nur für die Könige geschrieben. Weil die meisten Menschen nicht schreiben konnten, wurde auch nur für die wichtigen Leute geschrieben. Es war schon etwas Besonderes für die Menschen damals mich in die Hand zu nehmen. Damit ich auf dem beigen Papyrus, so nannte man früher das Papier, auch schreiben konnte, tauchte man mich in eine schwarze Brühe. Man nannte sie Tinte. Es war zwar noch keine richtige Tinte, aber sie sah jedenfalls so aus.
1000 Jahre nach Christus, also im Mittelalter, war ich schon nicht mehr aus einem Schilfrohr, sondern aus einer Gänsefeder. Aber da nannte man mich Gänsekiel und nicht Gänsefeder. Ich wurde an der Spitze auf die richtige Breite geschnitten und auch die Länge konnte man je nach Bedarf anfertigen. Das tat zwar oft sehr weh, aber man konnte dann wunderschön schreiben. Ich wurde überall auf der Welt benutzt ausser in Asien, dort war mein Bruder der Pinsel zu Hause. Mit ihm kann man auch sehr schön schreiben, er ist ja auch mein Zwillingsbruder. Mich sieht man heute noch in dieser Form in alten Filmen. Ich war nämlich ein großer [illegible]. Auch Mozart hatte mich in der Hand und schrieb mit mir die „Zauberflöte". Ich wurde immer schöner und schöner und mich gab es in vielen Variationen. Nun, nach mindestens 3 Millionen mal ekliger schwarzer Tinte schlucken, kam [illegible] endlich die richtige Tinte, schön fein und kohlenschwarz.

Abb. 34: Schülertext „Ich bin eine Schreibfeder", 2003

Gesprächshaltung; die Antworten aber sollten mit anderen Quellen in Verbindung gebracht werden.

- Sinnvoll ist auch das Projekt „Mini-Museum“. Alle Kinder sammeln irgend etwas. Unter der Fragestellung „Was ist dir wichtig? Was gefällt dir besonders? Was verbindest du mit ...? würden sie etwas von dem, was sie an Privatem in der Schultasche oder Hosentasche bei sich tragen, ihrem eigenen Museum überlassen.[104] Oder die Schüler wählen jeweils einen Gegenstand aus, von dem sie meinen, er sei bedeutsam genug, um künftigen Generationen eine Vorstellung von Kindheit heute zu geben. Diese werden dann in offenen Kästen oder

Abb. 35: Hosentaschenmuseum im Krokoseum, Halle/Saale, 2004

Gläsern verwahrt, eventuell mit einer Beschriftung versehen und in der Klasse ausgestellt. Besonders kindgerecht ist die Idee der „Überraschungspäckchen", zusammengestellt von heutigen Schülern für einen späteren Jahrgang. Wie so etwas aussehen kann, berichtet Michel Bonnetier für das Jahr 1988. Sein Beispiel ist ein in der Schule eingerichtetes Museum mit „Päckchen für das Jahr 2000", das man auch dem besuchten Kindermuseum zur Ausstellung überlassen kann:

> Die Kinder haben verstanden, dass unsere Schule durch das Museum, durch ihre Arbeiten sehr reich geworden ist und dass sie durch ihr Sammeln und Dokumentieren das Erbe mehren. Einige Schüler bemerkten bei ihrer Archivarbeit, dass schon der große Bruder, die große Schwester oder ältere Nachbarskinder im Museum gearbeitet haben. Letztes Jahr haben wir ein Überraschungspäckchen für die Schüler, die im Jahr 2000 für das Museum verantwortlich sind, vorbereitet. Dieses Päckchen beinhaltet kleine Spielzeuge, eine Zeitungsausgabe, einen Brief, das Foto der Schüler.[105]

8. Ausblick

8.1 Geschichtsraum Kindermuseum

Ein Kindermuseum zeichnet aus, dass seine jungen Besucher dort Spaß haben, Entdeckerfreude zeigen, selbstbestimmt und ohne Druck lernen können. Anstatt der Weisung in vielen Museen: „Nichts Berühren" ist hier an vielen Stellen Anfassen und Ausprobieren nicht nur erlaubt, sondern ausdrücklich erwünscht. Da vieles anders ist als in der Schule (oder in einem traditionellen Museum), sollte der Besuch auch nicht „verschult" werden. Vielmehr hat die Erfahrung gezeigt, dass so mancher Lehrer erstaunt war, was in seinen Schülern steckt, von dem er vorher nichts wusste. Wenn sie sich im Kindermuseum vielleicht lebendiger und kreativer geben, mag das seine Ursachen haben in der

- Wahl des Museums als neuem Lernort;
- Ansprache durch fremde Bezugspersonen, die neue Möglichkeiten zur Identifikation schafft;
- Themenwahl der Ausstellungen, die Kinder betreffen;
- auf Kinder bezogenen Aufbereitung von Inhalten;
- Möglichkeit, sich diese selbsttätig und spielerisch anzueignen.

Ein Kindermuseum mit seinen vielfältigen Sachquellen, der Orientierung an der „Oral history", dem Bezug auf neue Personen und Zusammenhänge, kommt dabei die Rolle eines herausragenden „Geschichtsraumes" zu. Es handelt sich dabei um einen Raum, in dem neben anderen „kommunikative und erfahrungsorientierte Unterrichtsformen vorherrschen und partnerschaftliches und solidarisches Arbeiten selbstverständlich sind", in dem Imagination, Emotion, Sach-, Methoden- und Sozialkompetenz „gleichberechtigt gefordert und gefördert werden".[106] Deshalb wünschen sich Kindermuseumsleute, dass dem Besuch dort nicht unbedingt schweißtreibende Referate vorangehen und keine Klassenarbeiten zur Überprüfung des Gelernten danach folgen. Auch die (nachträgliche) Benotung der einzelnen Schüleraussagen während des Besuches ist nicht ratsam. Schüler haben hier das Recht, auch einmal eine Antwort zu verweigern und sich Phänomene auf die ihnen gemäße Weise anzueignen. Das aber heißt:

> Wer meint, die Kinder müssten mit „abfragbarem" Faktenwissen aus dem Besuch eines Kindermuseums hervorgehen, der irrt. Die Bereicherung, die

> sie mitnehmen ist sehr viel grundsätzlicher und tief greifender: Im offenen Spielen und freien Experimentieren ergeben sich 1000 Fragen, wächst Aufmerksamkeit und Neugier. Aus Faszination und Staunen wird Wissbegierde und oft nachhaltige Begeisterung, die durchaus für das weitere Leben prägend sein kann. Die Weichen, ob sich jemand in Schule und Beruf für Naturwissenschaft, Geschichte oder Medizin entscheidet, werden vielleicht hier gestellt.[107]

Billigt man diese Annahme – und die Praxis beweist, wie richtig sie ist –, dann schließt sie auch Verpflichtungen für die Kindermuseen selbst und die Verantwortlichen in Kultur und Politik ein.

8.2 Kulturelle Offensive Kindermuseum

Kindermuseen existieren nun seit mehr als hundert Jahren, zu Beginn nur in den USA, jetzt inzwischen fast weltweit. Nach zögerlichen Anfängen vor etwas mehr als einer Generation sind sie nun auch in Deutschland aus dem kulturellen Angebot für Kinder und deren Familien nicht mehr wegzudenken.

Ihre Formenvielfalt ist groß, sie bilden Schwerpunkte im Bereich Natur und Umwelt, Technik und Geschichte, Kunst und Kreativität. Kindermuseen realisieren thematische Ausstellungen und stellen Spiellandschaften zur Verfügung, sie veranstalten Kinderkurse, führen Schulprogramme durch und verfertigen didaktische Materialien.

Ihrem Selbstverständnis nach

1. definieren sich Kindermuseen durch eine kindgerechte Präsentation. Ihr Ziel ist es, mit interaktiven Ausstellungen, die kindgemäß aufbereitet sind und verschiedene Formen der Rezeption zulassen, auf spielerische Weise, kreativ und mit Vergnügen Zusammenhänge erfahrbar zu machen.
2. sind Kindermuseen Kulturorte zum Anfassen. Sie wollen Kindern Freiräume für alternatives Lernen und für Bildung bieten. Ein Inhalt, ein Phänomen soll nicht nur eindimensional, sondern auf vielfältige Weise und mit allen Sinnen angegangen werden. Kinder sollen ermutigt und dazu motiviert werden, sich Problemen zu stellen, Lösungsmöglichkeiten zu entwickeln und diese umzusetzen.[108]
3. sind Kindermuseen Orte eigenständiger Kinderkultur. Sie dienen der Identitätsfindung von Kindern und fördern deren kreative Potenziale.

Damit, so sollte man meinen, sei alles in bester Ordnung. Doch verläuft durchweg nicht alles positiv, wie in unserem sechsten Kapitel ausführlicher dargestellt. Kindermuseen haben teilweise Schwierigkeiten, weil die Wertschätzung ihrer Arbeit in der Museologie, Pädagogik und in den kritischen Medien noch zu wünschen übrig lässt. Die Folge davon ist eine mangelnde Ausstattung mancher Kindermuseen in personeller, finanzieller und räumlicher Hinsicht. Dies hat weiterhin zur Folge, dass der Anspruch von Kindern auf die Teilhabe an kinderspezifischen kulturellen Angeboten auch im Fall der Kindermuseen noch nicht eingelöst ist. Noch hatte nicht jedes Kind hierzulande die Gelegenheit, eines zu besuchen – Migrantenkinder mit schwierigem materiellen und sozialen Hintergrund schon gar nicht.

Diese Missstände gilt es auszuräumen, damit die Kindermuseen den ihnen gebührenden hohen Stellenwert im Leben heutiger Kinder auch wirklich einnehmen können. Eine wichtige Begründung hierfür liegt in ihrer selbstgesetzten Verpflichtung, partizipativ zu wirken, was eigentlich gesellschaftlicher Konsens sein sollte, aber längst nicht überall bindend ist. Damit ist die Einsicht gemeint, dass

> der Ausgangspunkt jedes Kindermuseums *von den Kindern her* zu sehen ist, und dies meint wiederum: Kinder sind selbst produktiv wirklichkeitsaneignende, kulturell innovative Personen, denen nicht vordiktiert werden muss, was sie zu werden haben und welchen Beitrag ein Kindermuseum für sie leisten könne. Dies gilt es vielmehr gemeinsam auszuhandeln, auch im Umgang mit dem Kindermuseum, wobei die Kinder als Partner, nicht nur als Rezipienten eines Angebotes aufzufassen sind.[109]

Ein anderer Begründungszusammenhang für die Existenzberechtigung von Kindermuseen liegt in ihrer Bedeutung für das historische Lernen. Der Generation heutiger Kinder wird einmal von den Forschern die Teilhabe an einer „historischen Kindheit" bescheinigt. Wie keine Generation zuvor werden sie mit den unterschiedlichsten Formen von Geschichte konfrontiert. Sie begegnet ihnen in den Medien, im Internet, im Stadtbild, bei Ausflügen usw.[110] Zum andern wird unsere zunehmend von globalem Denken bestimmte Welt von einem rasanten Wandel bestimmt. Traditionelle Lebensformen in der Familie gehen verloren, das Handwerk und ländliche Betriebe sind starken Veränderungen unterworfen. Bei der Fülle der auf diese Weise auf die Kinder einwirkenden „Geschichtssplitter" sind Orientierungs- und Ordnungshilfen unerlässlich. Das Elternhaus, der Kindergarten, die Schule erweisen sich in diesem Zusammenhang oft als überfordert. Hier liegt die Chance der Kindermuseen mit den eigens in ihnen entwickelten Methoden der Geschichtsvermittlung an Kinder. Sie vermögen damit besonders gut historisches Lernen zu initiieren, das als Fähigkeit begriffen wird,

> sich zu erinnern und die Zukunft nicht einfach geschehen zu lassen ... Es ist ein erstes Einüben in die menschliche Fähigkeit, die sich über die Erinnerung an Ideen und Erfahrungen, die vom Vergessen bedroht sind, auf eine menschliche Zukunft richtet.[111]

Und so sollte in Zeiten, in denen als Nachwirkung des PISA-Schocks verstärkt über Bildungsangebote für Vorschulkinder und Ganztagsbetreuung in den Schulen nachgedacht und auch Geld bereitgestellt wird, die Möglichkeit zu einer kulturellen Offensive mit und durch die Kindermuseen genutzt werden. Dies kann erfolgen in der Funktion als alternativer Freizeit- und Kulturort, der die Schüler zu sich holt, oder als mobile Einrichtung, die mit Museumskoffern, kleinen Ausstellungen und unterschiedlichen Materialien zu den Plätzen kommt, an denen sich Kinder aufhalten. Des weiteren kann dies die Form eines virtuellen Kinder- und Jugendmuseums im (Kinder-)Netz annehmen.

9. Kinder- und Jugendmuseen im deutschsprachigen Raum – eine Übersicht

9.1 Der Bundesverband der deutschen Kinder- und Jugendmuseen

Angesichts der steigenden Zahl von Kinder- und Jugendmuseen und ihrer zunehmenden Bedeutung in der sich entwickelnden Museumslandschaft in den vergangenen Jahrzehnten, gründeten 1997 zehn Vertreter/innen von deutschen Kinder- und Jugendmuseen den *Bundesverband der deutschen Kinder- und Jugendmuseen e.V.* Ihr Ziel war es, das Modell „Kinder- und Jugendmuseen“ innerhalb der bestehenden Kultur- und Museumslandschaft nicht nur bekannter zu machen, sondern fest zu etablieren. Der Verband sieht seine Aufgabe darin, Kinder- und Jugendmuseen in der Planung und Gründung sowie im Aufbau durch „Know-how“ und „Rückenstärkung“ zu unterstützen. Dazu veranstaltet er u.a. Tagungen und kooperiert mit nationalen und internationalen Organisationen wie beispielsweise dem Europäischen Fachverband „Hands on! Europe“ oder der „Association of Childrens Museums“ (ACM) in den USA, um den fachlichen Austausch seiner Mitglieder zu gewährleisten und zu fördern.

Im Bundesverband sind heute ca. 30 institutionelle und persönliche Mitglieder organisiert, d.h. nicht sämtliche bestehende Einrichtungen sind dort vertreten. Dennoch spiegelt die Zusammensetzung exemplarisch die gegenwärtige Vielfalt der Kinder- und Jugendmuseen wider. Vertreten sind Kinder- und Jugendmuseen, die in traditionellen Museen verankert sind, und eigenständige Kinder- und Jugendmuseen. Dazu kommen noch Vereine, die mobil arbeiten und temporäre Ausstellungen für Kinder realisieren sowie Initiativen, die dabei sind, ein Kinder- und Jugendmuseum zu gründen.

Seit Mitte 2005 hat der Bundesverband eine Geschäftsstelle, die zur Zeit unter folgender Adresse zu erreichen ist:

Elisabeth Limmer
Bundesverband Deutscher Kinder- und Jugendmuseen e.V.
(im Kinderkulturzentrum Kachelbau mit Kindermuseum
und Kindertheater)

Michael-Ende-Str. 17
90439 Nürnberg
Tel.: 0911/ 6105535
Fax: 0911/ 6105536
E-Mail: info@bv-kindermuseum.de

Die Adressen des aktuellen Vorstandes und weitere Hinweise zum Bundesverband sind auf dessen Webseiten zu finden:
www.bv-kindermuseum.de

Weitere Informationen zu Kinder- und Jugendmuseen weltweit sind auf folgenden Webseiten aufzusuchen:
www.hands-on-europe.de
www.childrensmuseums.org

Dem folgenden Katalog der bestehenden Kinder- und Jugendmuseen sowie dem der Einrichtungen im deutschsprachigen Ausland wurde zur besseren Übersichtlichkeit eine chronologische Auflistung der Einrichtungen vorangestellt. Diese reicht von der Eröffnung des *Junior-Museums* 1970 bis ins Jahr 2006 und darüber hinaus. Aufgelistet werden allerdings nur die noch heute bestehenden Einrichtungen. Denn es gab eine ganze Reihe von Initiativen, die leider wieder aufgeben mussten – so etwa das *MuSEHum* in Gießen, das Børnemuseum in Flensburg und die temporären Kindermuseen im Saarlandmuseum. Ähnliches gilt für die neuen Bundesländer. Dort mussten das *Schwalbennest* in Gera und die *Black Box* in Leipzig ihre Arbeit wieder einstellen.

9.2 Chronologische Liste der Initiativen

	Einrichtung	*Ort*	*Gründung*	*Form*
1.	Junior-Museum	Berlin	1970	Teil des Museums für Völkerkunde Dahlem
2.	Kindermuseum des Historischen Museums	Frankfurt/M.	1972	Teil des Historischen Museums
3.	Kindermuseum der Staatlichen Kunsthalle	Karlsruhe	1973	Teil der Staatlichen Kunsthalle
4.	Museum im Koffer e.V.	Nürnberg	1980	mobil, seit 2001 eigenständiges Haus
5.	Schaufenster Schule & Kinderkunst e.V.	Wuppertal	1986	eigenständig
6.	Kindermuseum im Wilhelm Lehmbruck Museum	Duisburg	1987	Teil des Wilhelm Lehmbruck Museums

7. Kaleidoskop e.V.	Frankfurt/M.	1987	temporäre Ausstellungen
8. Kindermuseum im Museum der Deutschen Spielzeugindustrie	Neustadt	1988	Teil des Museums der Deutschen Spielzeugindustrie
9. Neues Universum e.V.	Berlin	1988	temporäre Ausstellungen
10. Kinder- u.Jugendmuseum	München	1990/91	Verein/mobil/temporär seit 1995 eigenes Haus
11. Kinder-Akademie	Fulda	1991	eigenständig, gGmbH
12. Kindermuseum im Historischen Museum	Bremerhaven	1991	Teil des Historischen Museums
13. Kinder & JugendMuseum im Prenzlauer Berg	Berlin	1992	Verein, eigenes Haus seit 2003 gGmbH, neuer Name: MACHmit! Museum für Kinder
14. Kreative Kinderwerkstatt-Kindermuseum Halle e.V.	Halle/Saale	1992	temporäre Ausstellungen 2007eigenes Haus geplant
15. Mobiles Musik Museum	Düsseldorf	1992	temporäre Ausstellungen
16. Aktion & Kultur mit Kindern e.V. (Akki)	Düsseldorf	seit 1992	temporäre Ausstellungen
17. KL!CK Kindermuseum	Hamburg	1993	Verein, temporäre Ausstell. seit 2004 eigenständ. Haus
18. Jugend Museum Schöneberg	Berlin	1994	Teil des Schönebergmuseums
19. Mobiles Kindermuseum im Freizeitheim Vahrenwald	Hannover	1994	mobil und temporäre Ausstellungen, Teil des Stadtteilzentrums
20. Ochsenfurter Spielbaustelle e.V. für Kinder und Kunst	1995 Kist		seit 2001 mobile und temporäre Ausstellungen mit KuK
21. Löwenstarke Stöberkiste e.V.	Weimar	1995	temporäre Ausstellungen
22. Kindermuseum	Bayreuth	1996	Teil eines Umweltschutz-Infozentrums
23. Kindermuseum	Saarbrücken	1997	temporäre Ausstellungen im Saarlandmuseum
24. Das exploratorium – Kindermuseum	Stuttgart	1997	temporäre Ausstellungen
25. Labyrinth Kindermuseum	Berlin	1997	gGmbH, temporäre Ausstellungen
26. Initiative Kinder- und Jugendmuseum Bonn e.V.	Bonn	1997	temporäre Ausstellungen
27. das junge museum	Bottrop	1997	Einrichtung der Jugendkunstschule
28. Prokik Mobiles Kindermuseum e.V.	Braunschweig	1998	temporäre Ausstellungen
29. Junges Museum	Speyer	1999	Teil des Historischen Museums
30. MachMitMuseum miraculum	Aurich	1999	eigenständig, mit Kunstschule

31.	Kindermuseum	Mannheim	1999	temporäre Ausstellungen, Teil d. Landesmuseums f. Technik und Arbeit
32.	Kik e.V.	Schönau	1999	mobil, temporäre Ausstell.
33.	Kinder- u.Jugendmuseum Donaueschingen e.V.	Donaueschingen	1999	geplant als eigenständiges Haus
34.	Kinder- u.Jugendmuseum im Gustav Lübke Museum	Hamm	1999	Teil d. Museums f. Kunst- und Kulturgeschichte
35.	Museum unterwegs e.V.	Meißen	2000	temporäre Ausstellungen
36.	Kindermuseum im FEZ	Berlin	2000	im Freizeitzentr. Wuhlheide
37.	Krokoseum	Halle/Saale	2000	Teil der Franckeschen Stiftungen
38.	AHA-ERLEBNIS Kindermuseum e.V.	Wolfenbüttel	2000	temporäre Ausstellungen
39.	Kindermuseum Lern & Spaßlabor	Nürnberg	2000	Teil des Museum Industriekultur
40.	Zinnober – ein Museum f. Kinder u. Jugendliche	Hannover	2000	temporäre Ausstellungen
41.	MobilesKinderMuseum Ougenweid & Dollerei	Werbach/ Brunntal	o.J.	mobil und temporär
42.	Kindermuseum KLIPP KLAPP	Oelde	2001	eigenständiges Haus, im Vier-Jahreszeiten-Park
43.	Das mobile Kindermuseum	Geesthacht	2001	mobil und temporär
44.	Kindermuseum	Solingen	2002	eigene Ausstellung für Kinder in Schloss Burg
45.	Kindermuseum/ Børnemuseum	Flensburg	2003	eigenständig, 4-jähriges Projekt
46.	Das Kinderreich	München	2003	Teil d. DeutschenMuseums
47.	ATLANTIS	Duisburg	2004	eigenständig, Stiftung
48.	Please touch/Begreifen	Köln	2004	Einrichtung vom Jugendzentrum Glashütte
49.	Kinder- u.Jugendzentrum Lipsikus	Leipzig	2004	Teil des Stadtgeschichtlichen Museums
50.	Klingenmuseum f. Kinder	Solingen	2004	Teil des Klingenmuseums
51.	Kinder-Erlebnisbereich	Dresden	2005	Teil des Deutschen Hygiene-Museums
52.	MoMu – Das mobile Museum	Hamburg	2005	Verein, mobil
53.	Kindermuseum im Winckelmannmuseum	Stendal	2006	Teil des Winckelmannmuseums
54.	DingsMix Kinderreich	Hamburg	für 2007/08 geplant, Teil des Museums für Kunst und Gewerbe	
55.	Kinderkunstmuseum	Dortmund	für 2009 geplant, Teil des Museums am Ostwall	
56.	AbenteuerMensch – Museum für junge Leute	Hannover	in Planung, geplant im Niedersächsischen Landesmuseum	
57.	Kunst- und Ausstellungshaus für Kinder	Kiel	in Planung, geplant vom Kieler Kinderkulturbüro e.V.	

9.3 Katalog der Kinder- und Jugendmuseen

Für den nun folgenden, alphabetisch nach Städten geordneten Katalog der Kinder- und Jugendmuseen sind wir wie folgt vorgegangen: Nach Einsicht der vorhandenen Literatur und einer Internetrecherche führten wir Telefoninterviews oder kamen zu persönlichen Gesprächen vor Ort. Danach formulierten wir ein Anschreiben, in dem wir um eine Selbstdarstellung der Institution mit Angaben zu Öffnungszeiten, Eintrittspreisen etc. baten. Zugleich sollte der Antwortbrief einen Passus mit einem eher persönlichen Statement zu der Frage enthalten: Was ist das Beste an meinem/unserem Kindermuseum, warum empfehlen wir es Kindern?

Der Rücklauf fiel sehr unterschiedlich aus. Zum Teil erhielten wir keine Antwort, andere waren sehr umfangreich, wieder andere verkürzt. Aus diesem Material, das wir durch Einsicht in interne Arbeitspapiere, Internetzugriffe und die Auswertung vorhandener Publikationen ergänzten, stellten wir die nachfolgenden Portraits der deutschen Kinder- und Jugendmuseen zusammen, die in Teilen auf den Selbstaussagen ihrer Leiter und Leiterinnen bestehen. Die mit einem (*) versehenen Beiträge verweisen auf eine ausführlichere Würdigung im Text. Nicht aufgenommen haben wir Informationen über die Eintrittspreise, da diese zu schnell veralten. Dennoch seien, um sich überhaupt eine Vorstellung machen zu können, ein paar Richtwerte genannt. In manchen Initiativen haben Kinder unter drei bzw. sechs Jahren freien Eintritt. Für die Altersgruppe darüber schwanken die Preise zwischen 1 € und 7,50 €. Ermäßigungen gibt es durch Familien- und Gruppenkarten. Insbesondere Schulklassen zahlen ermäßigte Preise.

AURICH
MachMitMuseum miraculum*

Das Team vom *MachMitMuseum miraculum* empfiehlt sein Kindermuseum: „Weil wir bei der Planung unserer Ausstellungen darauf achten, dass für die unterschiedlichsten Kindertypen ein ‚highlight' dabei ist – etwas für die besonders Mutigen, etwas für die besonders Schüchternen, etwas für die besonders Geschickten, etwas für die besonders Fantasievollen. Wir sind überzeugt davon, dass wir jedem Kind mehr als nur ein nachhaltiges Erlebnis bieten können."
Nach zwei Jahren Konzept- und Aktionsarbeit von Mitarbeitern der Jugendkunstschule fasste 1999 der Rat der Stadt den Beschluss, das miraculum als organisatorische Einheit von Kunstschule und MachMitMuseum zu gründen. Beide Institutionen liegen zentral in Aurichs Fußgängerzone, wobei das Kindermuseum zusammen mit dem Historischen Museum in einem Gebäude untergebracht ist. Die Ausstellungsräume des MachMitMuseums (160 m²) befinden sich

im Erdgeschoss, dazu kommt ein Innenhof, der mit ein bis zwei Installationen in die jährlich wechselnde Ausstellung einbezogen wird. Zu ihrer Vorbereitung führt die Kunstschule Kursprojekte für 6- bis 10-jährige Kinder durch. Dabei werden Ideen erprobt und Vorstellungen und Fantasien aufgegriffen, die dann gemeinsam mit den Arbeiten der Kinder bei der endgültigen Konzeption ihre Berücksichtigung finden und in die Kindermuseumsausstellung integriert werden. Die fünfte Ausstellung im Jahr 2005 hatte den Titel „Schätze“. Sie war in fünf große Bereiche gegliedert, die „die Vielfalt des Begriffes Schatz mit allen Sinnen erleben“ ließen. Im Netz konnte ein dazugehöriges interaktives Multi-Media-Abenteuer bestanden werden. Es wurde im Multimediastudio der Kunstschule hergestellt. 2006 läuft die Ausstellung „Schmetterlinge im Kopf? – Abenteuer KUNST“.

Adresse:
MachMitMuseum miraculum
Ausstellung: Burgstraße 25; Büro: Osterstraße 6b
26603 Aurich
Tel: 04941/18311 (Anmeldung)
Tel: 04941/180089 (Büro von MachMitMuseum und Kunstschule)
Fax: 04941/180005
E-Mail: miraculum@aurich.de oder kunstschule@aurich.de
www.miraculum-aurich.de

Öffnungszeiten:
Di–Fr: 9–13 Uhr nur für angemeldete Gruppen
Di–Fr: 13–17 Uhr
Sa + So: 11–13 Uhr
während der niedersächsischen Schulferien:
Di–So: 11–17 Uhr
Besonderheiten:
Keine Aufenthaltsräume; auf Rollstuhlfreundlichkeit wird geachtet.

BAYREUTH
KinderMuseum im Lindenhof

Der im Süden Bayreuths gelegene Lindenhof richtet sich an Gruppen aller Art und Altersstufen. Man kann dort übernachten, Seminare besuchen und Exkursionen machen. Er wurde vom Landesbund für Vogelschutz in Bayern e.V. zu einem Umweltschutz-Informationszentrum mit vielfältiger Aufgabenstellung ausgebaut, wozu auch ein Naturkundemuseum gehört. Eigens für Kinder wurde dort 1996 ein *Kinder-Museum* zum Thema „Wald erleben und begreifen“ eingerichtet. Zentrale Aufgabe und Schwerpunkt seiner Arbeit sieht das Kinder-Museum in der Umweltbildung. Es ist ein Treffpunkt für Kinder und lässt sie die Natur hautnah erleben: Ein Dachsbau, ein Tierstimmentelefon und Dioramen mit Tieren des Waldes laden zur Naturerkundung ein. Eine Höhle zum Hindurchkriechen und Verstecken ist über einen Kletterbaum in der zweiten Etage erreichbar. Möglichkeiten für weitere Aktivitäten, die die Ausstellung des Kinder-Museums ergänzen, bieten ein „Naturerlebnisraum“ auf ca. 17 ha mit Feuchtbiotop und Walderlebnispfad im Freien.

Adresse:
Umweltschutz-Informationszentrum Lindenhof
Karolinenreuther Straße 58
95448 Bayreuth
Tel: 0921/759420
Fax: 0921/7594222
E-Mail: lindenhof@lbv.de
www.lbv-lindenhof.de

Öffnungszeiten:
März–Oktober
Di–Fr: 9–16 Uhr
Sa + So: 13–17 Uhr (November–Februar)
So: 10–15 Uhr

BERLIN
Jugend Museum Schöneberg*

Das *Jugend Museum Schöneberg* bezeichnet sich als experimentierfreudiges Geschichtsmuseum für junge Leute. Als Teil des regionalgeschichtlichen Schöneberg Museums wurde es 1994 eröffnet und bespielt eine Fläche von ca. 500 m². Petra Zwacka, die Leiterin meint: „Ich finde am besten an unserem Kindermuseum, dass es jedes Kind, jede/n Jugendliche/n einlädt zum Experimentieren und Dinge selbst zu erkunden. Am Beispiel von Schöneberg werden junge Menschen angeregt, sich der Geschichte ihrer Stadt zu nähern und die eigene Umgebung mit neuen Augen wahrzunehmen."
Das Jugend Museum stellt kulturhistorische Ausstellungen zusammen, die direkt an die Lebenswelt seiner Zielgruppe anknüpfen. Meistens werden diese Ausstellungen in Zusammenarbeit mit Kindern und Jugendlichen aus dem Stadtteil erarbeitet, die ihre persönlichen Erfahrungen und Sichtweisen beisteuern. Häufig werden mit Jugendlichen unterschiedlicher Workshops „Expertenteams" gebildet, die mit dem Gestalterteam zusammenarbeiten. Neben Werkstattausstellungen von künstlerischen Projekten werden auch Projekttage und mehrtägige kulturpädagogische Workshops angeboten. Geschichtswerkstätten, Stadterkundungen, eine kleine Museumsdruckerei und ein Jugendarchiv ergänzen das Programm. Zielgruppe des Museums sind junge Menschen zwischen 8 und 18 Jahren. Alex, 12 Jahre alt, empfiehlt das Museum jedem Kind, „weil das Jugend Museum das beste ist, seit es das Wochenende gibt".

Adresse:
Jugend Museum Schöneberg
Hauptstr. 40-42
10827 Berlin
Tel: 030/7560-6163
Fax: 030/7560-6329
E-Mail: museum@ba-temp.verwalt-berlin.de
www.jugendmuseum.de

Öffnungszeiten:
Mi + Do: 10–13 Uhr nur für angemeldete Gruppen
Mi + Do: 15–18 Uhr
Sa + So: 14–18 Uhr

spezielle Termine/Angebote für Gruppen:
Führungen, Workshops, Projekttage, Stadtteilaktionen

Besonderheiten:
ausstellungsbezogenes Café, Workshop-Räume, Veranstaltungsräume.

BERLIN
JuniorMuseum im Ethnologischen Museum*

Das *JuniorMuseum* ist das älteste Kindermuseum Deutschlands. Es ist Teil des Ethnologischen Museums Berlin und wurde dort 1970 im Zuge von Neubaumaßnahmen eingerichtet. Den Anstoß gab die Ethnologin Brigitte Menzel, die Anregungen in den USA erhalten hatte. In der Folge wurde zur Deckung der Kosten für Kurse etc. der Verein „Jugend im Museum" gegründet und eine Planstelle für die Leitung eingerichtet. 1999 zog das JuniorMuseum in den Ostpavillon des Museums um und erhielt eine größere Ausstellungsfläche von ca. 200 m², einen Werkraum, einen Pausenraum und ein Büro. In der Ausstellung „Ab durch die Wüste" (2001–2006) können Kinder im Alter von fünf bis 12 Jahren eine spannende kleine Entdeckungsreise in fremde Welten antreten: zu den Tuareg in die Sahara, nach Australien und – nach Berlin. Mit allen Sinnen „Barfuss, mit Händen, Ohren, Nase und sogar mit dem Geschmack – kann man dort fremden Leben auf die Spur kommen, Wege entdecken, Spuren verfolgen und sich zugleich fragen, warum Menschen bei uns und anderswo unterwegs sind".
Ina Tautorat, Leiterin des JuniorMuseums, findet die begehbare Landschaft im Australien-Raum am besten. Hier befinden sich „viele spannende Dinge wie ein Emu-Ei, echte Emufedern oder auch ein Kängurufell, die beim schnellen Durchgang überhaupt nicht bemerkt würden, aber lohnen, ausführlicher betrachtet und erforscht zu werden". Sie empfiehlt deshalb, „sich auf das Selbst-Tun einzulassen, sich in die Ausstellung zu vertiefen und dabei so ganz nebenbei auch noch etwas zu lernen."

Adresse:
JuniorMuseum im Ethnologischen Museum
Arnimallee 23
14195 Berlin
Tel: 030/8301255
Fax: 030/8301547
E-Mail: juniorm@smb.spk-berlin.de
www.juniormuseum-berlin.de

Öffnungszeiten:
Di–Fr: 9–12.30 Uhr nur für angemeldete Gruppen

Di–Fr: 13–18 Uhr
Sa + So: 11–18 Uhr

spezielle Termine/Angebote für Gruppen:
Für Einzelbesucher: Öffentliche Kinderführung sonntags 14 Uhr, Aktionssonntage, Kinderworkshops. Für Gruppen: Führungen, Workshops, Werkkurse, Kindergeburtstage

Besonderheiten:
Café und Restaurant im Ethnologischen Museum, Aufenthaltsraum für Gruppen.

BERLIN
Kindermuseum im FEZ Wuhlheide

Claudia Lorenz, die Leiterin *vom Kindermuseum im FEZ Wuhlheide* empfiehlt ihre Einrichtung, „weil man dort nicht nur Dinge anfassen und spielerisch begreifen, sondern auch seine Augen schulen, kostbare Dinge von früher mit dem Blick von heute interpretieren und reflektieren und sich Fremdes vertraut machen kann. Man bekommt auch Anregungen für neue Denkinhalte, wird irritiert und angeregt, Wagnisse einzugehen".
Das Kindermuseum im Freizeit- und Erholungszentrum (FEZ) wurde im Jahr 2000 gegründet und befindet sich in Deutschlands größtem gemeinnützigen Kinder-, Jugendfreizeit- und Kulturzentrum, das aus einem DDR-Pionierpark hervorging. Das FEZ heute ist ein Freizeit- und Bildungsort mit zahlreichen kulturellen Angeboten, Projekten und Events. Im Hauptgebäude mit über 13.000 m^2 hat das Kindermuseum 450 m^2 Ausstellungsfläche. Die Ausstellungen aus eigener Produktion oder Übernahme behandeln meist soziokulturelle Themen, z.B. „Mäuse. Euros und Moneten" (2002 und 2006), „Erzähl mir was vom Tod" (2002/2003) und „Guck mal, was du kaufst (2004/2005) oder beziehen sich auf die aktuelle Bildungsdiskussion „Mathekings + Mathequeens" (2005/2006).
An der Erstellung einzelner Ausstellungsmodule und -inhalte werden Kinder und Jugendliche beteiligt. Themen und Zusammenhänge, die Kindern für gewöhnlich nicht zugänglich sind, werden mit Hilfe von bespiel- und begehbaren Erlebnisräumen und interaktiven Objekten oder Installationen veranschaulicht. Die Kombination von benutzbaren und zum Anfassen bereitgestellten Gegenständen und Exponaten zum Betrachten in Vitrinen ermöglicht den Besucher/innen eine Vielfalt von Aktivitäten sowie die Reflexion und kritische Auseinandersetzung mit dem Dargebotenen.

Adresse:
Kindermuseum im FEZ Wuhlheide Berlin
An der Wuhlheide 197
12459 Berlin
Tel: 030/53071181
Fax: 030/5353-295
E-Mail: c.lorenz@fez-wuhlheide.de
www.kindermuseum.fez-wuhlheide.de

Öffnungszeiten:
Di–Fr: 9–14.30 Uhr nur für angemeldete Gruppen
Di–Fr: 15 (10*)–18 Uhr
Sa: 13–18 Uhr
So + Feiertage: 10–18 Uhr
* während der Ferien

zusätzliche Angebote für Gruppen:
theaterpädagogische Programme, Begleit- und Zusatzveranstaltungen

Besonderheiten:
Spielplatz, Badesee, Waldpark, Schwimmhalle, Restaurant, Kino, Workshop-Räume, Konzertsäle, Puppenbühne, Raumfahrtzentrum.

BERLIN
Labyrinth Kindermuseum

Mitten in der Metropole Berlin, zwischen den Stadtteilen Prenzlauer Berg und Wedding, liegt die ehemalige Zündholzmaschinenfabrik A. Roller. Seit 1978 nutzen soziale und kulturelle Projekte sowie engagierte Gewerbebetriebe die Gebäude, die sich 1983 zum soziokulturellen Zentrum „Fabrik Osloer Straße e.V." zusammenschlossen. Das *Labyrinth Kindermuseum* besteht seit 1997 und ist in der weitläufigen, 1000 m² großen und denkmalgeschützten Montagehalle mit Galerie zu finden. Dazu kommt noch ein heller Hof auf dem Fabrikgelände.
Das Labyrinth versteht sich als lebendiger Kultur- und Lernort für Kinder und arbeitet mit den Methoden des handlungs- und erfahrungsorientierten Lernens. Mit dem ständigen Partner „Mobiles Team zur Suchtprävention Mitte" und in Kooperation mit Institutionen, Künstlern und Wissenschaftlern entstehen Ideen für Ausstellungen und Workshops, die mit Kunst- und Kulturvermittlung, den neuen Medien und der Gesundheitsförderung zu tun haben. So entstand beispielsweise im Jahr 2004 die Erlebnisausstellung „Unterwegs nach Tutmirgut" für Kinder von fünf bis 12 Jahren. Bei all den Projekten sollen die Besucher lernen, durch eigene Tätigkeit und Einsatz ihres Könnens Zusammenhänge leichter zu begreifen und Lösungen zu finden. Die aktive Beteiligung der Kinder und die Vernetzung von schulischen und außerschulischen Lernangeboten gehören ebenso zum Konzept, wie die Einbeziehung von Eltern und Familien in den Museumsalltag.

Adresse:
LABYRINTH
Kindermuseum Berlin gGmbH in der Fabrik Osloer Straße
Osloer Straße 12
13359 Berlin
Tel: 030/49308901
Fax: 030/4948097
E-Mail: kontakt@labyrinth-kindermuseum.de
www.kindermuseum-labyrinth.de

Öffnungszeiten:
Mo–Fr: 9–13 Uhr + Di–Fr: 14–16 Uhr nur für angemeldete Gruppen
Di–Fr: 13 (9*)–18 Uhr
Sa: 13–18 Uhr
So: 11–18 Uhr
* während der Ferien.

BERLIN
MACHmit! Museum für Kinder*

2003 wurde das *MACHmit! Museum für Kinder* in einer gründerzeitlichen Kirche in Berlin-Prenzlauer Berg mit der Ausstellung „Farben, Formen, Fantasie" eröffnet. Die Museumsinitiative ist jedoch schon älter, bereits 1992 wurde das Kinder & JugendMuseum Prenzlauer Berg vom Verein „Netzwerk Spiel/Kultur e.V." gegründet. Mit dem Umzug bekam das bis dahin überwiegend bezirksintern agierende Museum eine neue, auf ganz Berlin bezogene Ausrichtung. Attraktion des 1200 m² großen Museums in dem offenen Kirchenraum ist das sieben Meter hohe Kletterlabyrinth.
Weitere ständige Anziehungspunkte sind das Spiegel-Kabinett, die Museumsdruckerei und das Café. Sie werden durch zwei bis drei Wechselausstellungen pro Jahr mit den thematischen Schwerpunkten Kunst und Gesellschaft, Sprache und Identität ergänzt. Dort können Kinder von vier bis 12 Jahren mit unterschiedlichen Interessen und Fähigkeiten selbsttätig und mit allen Sinnen Zu-gänge zu schwierigen und komplexen Themen finden. Das Museum versteht sich als ein Ort, der die kreativen Fähigkeiten von Kindern fördert und ihre Arbeiten dann der Öffentlichkeit präsentiert. Über Workshops, die von Experten angeleitet werden, sind viele von ihnen in die Vorbereitung einbezogen. So arbeiten Erwachsene und Kinder gemeinsam an einer interaktiven Ausstellung, die andere Kinder und deren Eltern zum Mitmachen und Denken anregen sollen.

Adresse:
MACHmit! Museum für Kinder
Senefelderstr. 5
10437 Berlin
Tel: 030/747 78 200
Fax: 030/747 78 205
E-Mail: info@machmitmuseum.de
www.machmitmuseum.de

Öffnungszeiten:
Di–Fr: 8.30–18 Uhr nur für angemeldete Gruppen
Mi–Fr: 9–18 Uhr
Sa, So + Feiertage: 10–18 Uhr

spezielle Termine/Angebote für Gruppen:
In der Museumsdruckerei kann in deutscher u. in englischer Sprache gedruckt werden.

Besonderheiten:
Das Café wird von einer Schülerfirma, dem Kids-Café, beliefert.

BERLIN
Neues Universum e.V.

Der Verein *Neues Universum e.V. – WerkstattMuseum für Kinder und Jugendliche* ist 1988 in Kooperation mit dem Museumspädagogischen Dienst der Staatlichen Museen in Berlin gegründet worden. Das Universum arbeitet im Bereich der Natur- und Kulturwissenschaften, der Geschichte und Anthropologie und realisierte interaktive Aktionen und temporäre Mitmachausstellungen. Zu den bekanntesten Projekten des Vereins gehören „Der fliegende Koffer – eine Reise nach Ghana" (1994), „Schall und Rauch – eine Ausstellung zum Hören" (1996) und „ZeitReise – eine Ausstellung für Zeitforscher und Zeitsucher" (2000). Danach ist es stiller um den Verein geworden. Für 2006 entsteht in Kooperation mit dem Kindermuseum Wien einen Wanderausstellung „Ist der Ball rund?", die zur WM 2006 in Museen in Erfurt, Dresden und Hamburg gezeigt wird.

Adresse:
Neues Universum
c/o Yvonne Leonard
Xantenerstr. 7
10707 Berlin
Tel + Fax: 030/ 883 11 03
E-mail: nu.leonard@t-online.de

BONN
Initiative Kinder- und Jugendmuseum Bonn e.V.

Der Verein *Initiative Kinder- und Jugendmuseum Bonn e.V.* wurde 1996/97 ins Leben gerufen. Ziel der Initiative ist es, Kinder in ihren künstlerischen Ausdrucksformen ernst zu nehmen und ein Haus für sie und ihre Kunst zu schaffen. Wichtigstes Projekt war nach einigen Vorgängeraktionen in Bonn die temporäre Mitmachausstellung „Das Geheimnis des Flusses" für das 2004 neu eröffnete Rheinische Landesmuseum. An ihr waren zwei Schulklassen beteiligt, die Bilder für die Schau anfertigten.
Die Vereinsvorsitzende empfahl diese Ausstellung, „weil man hier auf vielfältige Weise selbstständig das Netzwerk der Natur entdecken kann." Am schönsten sei dabei „das selbstvergessene, ‚selbstversunkene' Tun an den unterschiedlichen Objekten/Exponaten der vermeintlichen Technik-Kids."

Adresse:
Initiative Kinder- und Jugendmuseum Bonn e.V.
c/o Marie-Luise Dauer
Am Südfriedhof 15
53175 Bonn
Tel: 0228/38 45 11
Fax: 0228/69 05 94

BOTTROP
das junge museum

das junge museum ist das Kinder- und Jugendmuseum der Stadt und eine eigenständige Einrichtung der städtischen Jugendkunstschule „Kulturwerkstatt Bottrop“. Es wurde 1997 eröffnet und ist mitten in der City in baulichem Zusammenhang mit dem Kulturzentrum August Everding zu finden, dessen Architektur ganz im Zeichen des Quadrats steht. Drei ca. 6 x 6 m große, durch Glasgänge miteinander verbundene Holzkuben bilden seine Räume. Sie werden von drei großen Platanen beschattet, die inmitten vom Grün des Kulturhofes stehen. Hier bieten sich zusätzliche Flächen für Outdoor-Aktivitäten.
das junge museum ist für Kinder und Jugendliche ein geeignetes Forum für künstlerisches Tun. Gemeinsam mit ihnen werden Ausstellungen gestaltet. Die Leiterin Katrin Niermann meint, es sprenge mit seinen Aktivitäten Fächergrenzen, errege Aufmerksamkeit und erweitere Horizonte. Das Besondere dabei sei, dass sich die Besucher seinen Inhalten in ungezwungener Atmosphäre auf spielerische Weise nähern können: „Die Ausstellungen vermitteln komplexe Sachverhalte anschaulich und altersgerecht, sie sensibilisieren, ermutigen, befähigen, befreien.“ Empfohlen wird das junge museum, weil „es flüstert und schreit, springt und schläft, singt und schweigt, stinkt und duftet, beleuchtet und verdunkelt, kratzt und streichelt, satt und hungrig macht; es durch nichts zu ersetzen ist. Am besten sei, dass „die Themen frei gewählt, die Programme kreativ, vielgestaltig, wandlungsfähig, innovativ und spannend sind – dass wir klein sind und daher oho!“.

Adresse:
das junge museum
Böckenhoffstraße – Kulturhof
46236 Bottrop
Tel: 02041/70 37 21
Fax: 02041/70 38 33
E-Mail: kulturwerkstatt@bottrop.de

Anschrift:
Kulturamt – das junge museum
Blumenstr. 12–14
46236 Bottrop

Die Öffnungszeiten sind variabel.

BRAUNSCHWEIG
Prokik Mobiles Kindermuseum

Unter *Prokik e. V.* ist die „Projektwerkstatt Kinder- und Jugendkultur“ zu verstehen. Seit 1988 engagiert sich der Verein auf dem Feld der Weiterbildung und Projektentwicklung. Seine Hauptaufgaben sieht der Verein unter anderem in der kreativen Kulturarbeit für Kinder. Dazu gehört auch das Ziel, Kooperation und Vernetzung zwischen soziokulturellen Initiativen und kulturell engagierten Personen herzustellen. Diese Aktivitäten sind auf einer interaktiven CD-Rom „Projektarbeit“ dokumentiert erhältlich.
Seit mehreren Jahren ist Prokik aktives Mitglied im „Arbeitskreis Kultur vor Ort“, einer Initiative, die sich um soziokulturelle Aktivitäten im Stadtteil bemüht. Im

Zusammenhang damit wurden u.a. zwei Projekte realisiert: der begehbare Adventskalender „Himmlische Wesen“ und der Vogelscheuchenwettbewerb „Stumme Wächter der Landschaft“. Beide mobilisierten viele Kinder und Jugendliche zu gemeinsamen Aktivitäten. Prokik hat jedoch auch Ausstellungen für Kinder entwickelt und gestaltet, die als Wanderausstellungen ausgeliehen werden können: „Höhlenkinder“ und „Hallo Farbe!“ Ausleihbar ist auch eine sogenannte Projektbox zum Thema „AllerHand“ und ein „Mitmachbrunnen“ für Ausstellungen und Projekte rund um das Thema Wasser. Zur Zeit bietet der Verein Beratung von Ausstellungs-Konzeptionen und zur Didaktik in Kindermuseen an.

Adresse:
Prokik e.V.
c/o Brigitte Vaupel
Alter Weg 17
38124 Braunschweig
Tel: 0531/260 11 26
Fax: 0531/ 260 11 25
E-Mail: info@prokik.de
www.prokik.de

BREMERHAVEN
Kindermuseum im Historischen Museum Bremerhaven

Das Historische Museum Bremerhaven informiert über die Geschichte der Stadt und die Berufe, die mit den Häfen und der Seefahrt zusammenhängen. Seit kurzem wurde hier in die ständige Präsentation ein „Hands on“-Bereich zum Mittelalter eingegliedert. Das *Kindermuseum* existiert seit der Eröffnung des Museumsneubaus im Jahr 1991. Zu seinem Angebot gehört auch eine Auswahl von Führungen durch das Historische Museum und auf dem dazugehörigen Museumsschiff FMS „GERA“. Dabei dient das Kindermuseum selbst den unterschiedlichen Aktivitäten von Kindern und für Kinder. So können Klassen und Kindergruppen den Raum für eigene Projekte nutzen. Außerdem finden hier museumspädagogische Programme für feste Gruppen wie Schulklassen und offene Veranstaltungen in den Ferien statt. Dazu kommen Ausstellungen im Kindermuseum, die unter anderem die Ergebnisse der Kreativwettbewerbe präsentieren, die in Verbindung mit den Wechselausstellungen des großen Museums durchgeführt werden. Es ist somit ein Ort, in dem Kinderkulturarbeit eine große Rolle spielt.

Adresse:
Historisches Museum Bremerhaven/
Morgenstern-Museum
An der Geeste
27570 Bremerhaven
Tel. 0471/30 81 60
Fax 0471/590 27 00
E-Mail: info@historisches-museum-bremerhaven.de
www.historisches-museum-bremerhaven.de

Öffnungszeiten:
Di–So: 10–18 Uhr

zusätzliche Angebote für Gruppen:
Kindergeburtstage, Ferienprogramme, Lehrerfortbildung

Besonderheiten: Museumscafe, Museumsshop.

DONAUESCHINGEN
Kinder- und Jugendmuseum Donaueschingen e.V.

Der Initiator des Vereins betreibt eine freie Jugendkunstschule. Sein Ziel ist es, gemeinsam mit ca. 15 anderen Mitstreitern ein autonomes Kindermuseum zu gründen, das auch an eine Kinderkulturinitiative angebunden sein könnte. Über eigene Aktivitäten verfügt der 1999 gegründete Verein allerdings noch nicht.

Adresse:
Kinder- und Jugendmuseum Donaueschingen e.V.
c/o Olaf Hovingh
Immanuel-Kant-Str. 11
78166 Donaueschingen
Tel: 0771/121 80
E-Mail: Hovingh@t-online.de

DORTMUND
MO Kunstwerkstatt

Das Museum am Ostwall in Dortmund ist das Städtische Museum für Moderne Kunst des 20. und 21. Jahrhunderts. In der Reihe „Sammlung in Bewegung. Neue Räume" wird der Bestand in wechselnden Dialogen präsentiert, in den großen Sonderausstellungen werden insbesondere zeitgenössische Künstler und Künstlerinnen vorgestellt. Großer Wert wird auf Ausstellungsthemen und Inhalte gelegt, die ein breites Publikum und Jugendliche ansprechen. So wurden Anfang 2006 Arbeiten von Tobias Zielony gezeigt, einem Fotografen Jahrgang 1973, die Treffpunkte von Jugendlichen in städtischen Peripherien thematisieren.
Mit der *MO Kunstwerkstatt* hat das Museum seine 1962 als eine der ersten in Deutschland gegründete Kindermalstube weiterentwickelt. 2005 bekam die bisherige Malstube drei neue große und helle Räume, die sich in unmittelbarer Nähe des Museums befinden. Damit ergab sich auch ein neues Konzept: Es werden nunmehr täglich Kunstkurse im Bereich Malerei, Skulptur oder Grafik angeboten, wobei die Auseinandersetzung mit den Originalen im Mittelpunkt steht. Zusätzlich entsteht ein Medienraum, der künstlerisches Arbeiten mit Computern und Filmschnittplätzen ermöglicht. Die *MO Kunstwerkstatt* eröffnet Kindern, Jugendlichen und Erwachsenen die Möglichkeit zu Wahrnehmungsexperimenten mit kreativer Entfaltung und ästhetischer und sinnlicher Erfahrung.
In absehbarer Zeit bekommt das Museum einen neuen Standort, in dem dann auch spezielle Ausstellungen für Kinder und Jugendliche realisiert werden können.

Museum am Ostwall Dortmund
Ostwall 7
44122 Dortmund
Tel: 0231/502 32 47
Fax: 0231/502 52 44
E-Mail mo@stadtdo.de
www.museendortmund.de/museumamostwall

Öffnungszeiten:
Di, Mi, Fr, So 10–17 Uhr
Do 10–20 Uhr
Sa 12–17 Uhr

Spezielle Termine/Angebote für Gruppen:
Jugendkunstclub, Künstler/innen-Gespräche, Führungen und mehrstündige Projektarbeit; Fortbildungsangebote für Lehrer/innen und Erzieher/innen.

DRESDEN
Kindermuseum. Der Kinder-Erlebnisbereich im Deutschen Hygiene-Museum

Etwa zehn Minuten Fußweg von der Dresdner Altstadt entfernt befindet sich das Deutsche Hygiene-Museum, 1912 als „Volksbildungsstätte für Gesundheitspflege" gegründet und mit einem Sammlungsbereich zum Thema Mensch und Körper eröffnet. Seit Dezember 2005 ergänzt das *Kindermuseum* (der Erlebnisbereich) das die Entdeckerlust der vier- bis 12-Jährigen anspricht und fördert, mit zahlreichen Mitmachelementen und auf altersgerechte Weise diese berühmten Institution. Das Thema des *Erlebnisbereichs* sind die Sinne: Hören, Sehen, Fühlen, Riechen und Schmecken. Auf rund 500 m² können Kinder die Geheimnisse und erstaunlichen Fähigkeiten erkunden, mit denen die fünf Sinne uns die Umwelt entdecken lassen: beispielsweise an einem Tiernasenfries, wo 24 Tiere an ihren Nasen erkannt und etwas über ihren Geruchssinn erfahrbar wird. Weiter können die jugendlichen Besucher/innen zahlreiche interaktive Stationen ausprobieren. Sie dürfen und sollen dabei ihren Kopf und ihre eigenen fünf Sinne ganz aktiv einsetzen, um die Ausstellung zu erleben. So erfahren sie etwas über ihren Körper und über sich selbst, und sie lernen gleichzeitig die Institution Museum als anregenden Ort der Wissensvermittlung kennen. Petra Lutz, die Leiterin, meint, ihr Kindermuseum zeichne aus, dass das Thema zugleich das Gestaltungsprinzip bestimmt: „Anfassen, Ausprobieren, Mitmachen und Mitdenken sind ausdrücklich erwünscht! Dabei bietet es unterschiedliche Bereiche: Großzügige Flächen für Gruppen und zum Toben, kleinere stille Bereiche zum Konzentrieren oder Zuhören."

Adresse:
Kindermuseum. Der Kinder-Erlebnisbereich im Deutschen Hygiene-Museum
Lingnerplatz 1
01069 Dresden
Tel: 0351/ 484 66 70
Fax: 0351/ 484 65 95

E-Mail: service@dhmd.de
www.dhmd.de

Öffnungszeiten:
Di–So: 10–18 Uhr

zusätzliche Angebote für Gruppen:
Kinderführungen, Kindergeburtstage und Mitmachangebote

Besonderheiten:
Restaurant. Barrierefrei

DUISBURG
ATLANTIS Kindermuseum*

Das *ATLANTIS Kindermuseum* fasst sich als Erlebnis- und Kulturort auf. Zu seinem Konzept gehört, dass dort jedes Kind seine Lebensumwelt, in diesem Falle die Stadt, spielerisch erforschen kann. Zu diesem Aneignungsprozess bekommen die Kinder keine vorgefertigten Lösungen präsentiert, sondern sie erschließen sich Arbeitsabläufe und naturwissenschaftliche Prozesse nach dem Prinzip des „learning-by-doing" – unterstützt durch geschultes Personal. Das ATLANTIS befindet sich in einem ehemaligen Mehlspeicher im Duisburger Innenhafen. Dieser war bis in die 1960er-Jahre Zentrum der europäischen Getreideindustrie und wurde im Rahmen der Internationalen Bauausstellung Emscher Park (IBA) zu einem Kultur-, Freizeit- und Wohnort umstrukturiert.
Der Eröffnung von ATLANTIS 2004 ging ein dreijähriger Modellversuch mit 40 Künstlern und 300 Kindern in der „Zeche Carl" voraus, einem soziokulturellen Kommunikations- und Jugendzentrum in Essen.
Der Name ATLANTIS nimmt Bezug auf die Vision einer vom Wasser umgebenen Stadt. Da sie für Kinder geschaffen wurde, ist sie hier eine Zukunftsstadt. Entsprechend sind auch Ideen von Kindern aufgenommen worden, beispielsweise die von einem bekletterbaren Baum im Bereich Umwelt und Natur. ATLANTIS umfasst auf drei Ebenen eine Ausstellungsfläche von 2.500 m². Realisiert wurden verschiedene Stationen, eine zum Thema Hafen, Schiffe und Wasser, in einer anderen wird Fernsehen produziert, in einer dritten darf „Kind" sich verkleiden und auf der Dachterrasse ist eine Solarstation eingerichtet.

Adresse:
ATLANTIS Kindermuseum
Philosophenweg 23-25
47051 Duisburg
Tel: 0203/ 44 99 00
Fax: 0203/ 44 99 035
E-Mail: atlantis@kindermuseum.de
www.atlantis-kindermuseum.de

Öffnungszeiten:
täglich: 9–18 Uhr

zusätzliche Angebote für Gruppen:
Führungen, Workshops und Ausrichtung von Kindergeburtstagen

Besonderheiten:
Museumsshop, Gastronomie. Rollstuhlgerecht.

DUISBURG
Kindermuseum im Wilhelm Lehmbruck Museum*

„Ich finde am besten an unserem Kindermuseum, dass es kognitive und emotionale Herangehensweisen verbindet." Die Leiterin des *Kindermuseums im Wilhelm Lehmbruck Museum*, Cornelia Brüninghaus-Knubel, empfiehlt es: „Weil es ein schöner und angenehmer Ort ist, um moderne Kunst zu entdecken. Dabei können Kinder auch etwas mit den Händen tun – Köpfchen und Fantasie sind natürlich auch gefragt!" Seit 1987 wird das Kindermuseum vom Team der Museumspädagogik mit zwei festangestellten und 12 freien Mitarbeiter/innen des Wilhelm Lehmbruck Museums betreut und hat bereits über 30 Ausstellungen realisiert. Der Ausstellungsraum von ca. 120 m² liegt im Untergeschoss des Museums und ist mal ein Künstleratelier, dann Erlebnisfeld für die Sinne, Aktionsbereich oder Experimentierfeld für eigene künstlerische Versuche.
Den Inhalten entsprechend werden unterschiedliche Konzepte für Ausstellungen angewandt. Es gibt die thematische didaktisch-spielerische Ausstellung, die mit Kunstwerken eines Künstlers oder einer Künstlerin das Publikum besonders anspricht. Viele berühmte Künstler/innen haben schon spezielle Ausstellungen für das Kindermuseum entwickelt. Einige Ausstellungen werden mit einer jugendlichen Besuchergruppe gemeinsam entwickelt und einmal im Jahr werden dort die künstlerischen Arbeiten der Kinder aus den vielfältigen Kursangeboten der Museumspädagogik präsentiert. Wichtig ist dabei die Inszenierung von Räumen und die Einbeziehung von Lebenswelt, Alltag oder von kunstfremden Objekten. Dazu kommen noch Betätigungsmöglichkeiten oder die Sinne anregende Ausstellungselemente. All dies vermag nicht nur das jugendliche Publikum, sondern auch Familien oder kunstungeübte Menschen anzusprechen.

Adresse:
Kindermuseum im Wilhelm Lehmbruck Museum
Friedrich Wilhelm Straße 41
47051 Duisburg
Tel: 0203/283 21 95 Museumspädagogik, 0203/283 32 94 Kasse
Fax: 0203/283 38 92
E-Mail: mp@lehmbruckmuseum
www.lehmbruckmuseum.de

Öffnungszeiten:
Di–Fr: ab 9.30 Uhr nur für angemeldete Gruppen

Di–Sa: 11–17 Uhr
So: 10–18 Uhr
Sa + So: ab 13 Uhr pädagogische Betreuung für Einzelbesucher

zusätzliche Angebote für Gruppen:
Kindergeburtstage, Museumskoffer, Ferienkurse, Lehrerfortbildungen

Besonderheiten: Café. Rollstuhlgerecht, Park.

DÜSSELDORF
Aktion & Kultur mit Kindern e.V. (Akki)

Akki, der Verein *Aktion & Kultur mit Kindern e. V.*, hat sich mit der Konzeption und Organisation großer innovativer Kinder-Kulturprojekte bundesweit profiliert. Seine interdisziplinären und multimedialen Projekte wie „Düsseldörfchen – eine Stadt der Kinder", „Bilder am Himmel" und „Tonstadt" machen Kultur für Kinder und mit Kindern zum Erlebnis. Seit 1992 werden temporäre Ausstellungen für Kinder gemacht, und 1994 wurde der multifunktionale Flachbau im Süd-Park/Innenstadtbereich bezogen. Doch nun bekommt Akki neue Räume und wird dann an gleicher Stelle 300 m² aufweisen – Veranstaltungshalle, Foyer und drei zusätzliche Veranstaltungsräume mit ca. 60 m². Der Einzug ist für Dezember 2006 geplant. In den alten Räumen hat sich das Akki-Haus ein- bis zweimal im Jahr in ein temporäres Kindermuseum verwandelt. „Hands on" oder „Berühren erlaubt" lautet das Motto der Ausstellungen für Kinder ab fünf Jahren. Ihre Objekte lassen sich in unterschiedliche Kontexte einordnen, mehrdimensionale Spiel- und Lernfelder sind vorhanden. Auf diese Weise sind unterschiedliche Zugänge zur gleichen Sache und individuelle Lernbewegungen möglich. Besucher mit unterschiedlichem Hintergrundwissen, Können, motorischen Fähigkeiten, Alter und Körpergrößen fühlen sich davon angesprochen. Georg Frangenberg, der Leiter von Akki, empfiehlt das Kindermuseum, weil „man hier an vertrauten Dingen Neues und Ungewöhnliches entdecken und erfahren kann und es Spaß macht, sich intensiv und aktiv mit einer Sache zu befassen und damit zu hantieren."

Adresse:
Aktion & Kultur mit Kindern e.V.
Siegburger Str. 25
40591 Düsseldorf
Tel: 0211/ 788 55 33
Fax: 0211/ 788 16 27
E-Mail: Mail@akki-eV.de
www.akki-ev.de

Öffnungszeiten:
abhängig von der jeweiligen Sonderausstellung

Besonderheiten:
Videostudio, Kostümverleih, im Sommer Biergarten mit Open-Air-Kino.

DÜSSELDORF
Mobiles Musik Museum

Das MMM oder das *Mobile Musik Museum* wurde 1993 von dem Musikpädagogen Michael Bradke gegründet. Es umfasst eine große Sammlung von Musikinstrumenten und Geräuschwerkzeugen. Dazu zählen riesige Klangskulpturen als „Spielräume" für Open Air Events, Trommeln, Rasseln usw. sowie interaktive Klang-Installationen.
Auf Basis dieser vielfältigen Objekte bietet das MMM Materialien und Projekte für Menschen ab dem Vorschulalter an. Dazu gehören fantasievoll gestaltete „Hands on"-Objekte, Mitmach-Ausstellungen, Klang-Werkstätten, Werkstattkurse und Bühnenperformances, die Museen, Kindermuseen, Sciencecentern etc. angeboten werden. Dabei können die Teilnehmer an so Unterschiedlichem mitwirken wie einer Sambaschule, einer „Papiermusik" oder einem „Klangraum Regenwald". Dazu kommen noch „Luftorchester, Papierorchester und klingende Fundstücke sowie Körpermusik und Klatschspiele". Ziel dieser Aktionen ist es, naturwissenschaftliche sowie kulturelle Erfahrungen und Wissen zu vermitteln, indem Menschen jeden Alters mit Klängen zum Musikmachen ermutigt werden und Freiräume zum aktiven Spiel eröffnet bekommen. Auf einen Begriff gebracht, empfiehlt Michael Bradke seine Musik-Aktionen, „weil man da Sachen machen kann, die sonst nirgends möglich sind" und „Kinder ab zwei Jahren bis hin zu Erwachsenen anfangen zu spielen, zu forschen und zusammen zu arbeiten."

Adresse:
Mobiles Musik Museum
c/o Michael Bradke
Meineckestr. 45
40474 Düsseldorf
Tel: 0211/37 19 11
Fax: 0211/37 19 63
E-Mail: michael@bradke.de
www.musikaktion.de

FRANKFURT/MAIN
Kaleidoskop e.V.*

Den Anstoß zur Gründung des Vereins im Jahr 1987 gab das Vorbild USA. Ab 1990 folgten erste Aktionen, darunter eine Mitmach-Baustelle, die Ausstellungen „Gute Reise" (1992) „Wasser, Wasser, Wasser" (1993) und 1994 „Gut drauf". Später gelang es dem Verein, Ausstellungen für andere Orte zu konzipieren und zu realisieren. In den letzten Jahren rückten die Vereinsmitglieder von ihrer Zielvorgabe eines festen Hauses ab und beschränkten sich vor allem auf Aktionen in den Frankfurter Museen für Kommunikation und für Angewandte Kunst.
Seit 2003 hat der Verein sein Büro in der Frankfurter Musterschule. Er koordiniert dort das betreute Nachmittagsprogramm für Schüler und konzipiert ein Lernzentrum für das Ganztagsangebot der Schule.

Adresse:
Kaleidoskop e.V. in der Musterschule Raum 243
Oberweg 5-9
60318 Frankfurt/Main
Tel: 069/ 97981057 oder 069/ 212 48 854
Fax: 069/ 979 81 058
E-Mail: info@kaleidoskop-frankfurt.de
www.mitmach-projekte.de

FRANKFURT
Kindermuseum des Historischen Museums*

Das zweitälteste Kindermuseum Deutschlands wurde 1972 eröffnet und ist Teil des stadtgeschichtlichen Museums in Frankfurt/Main. Es liegt im Innenstadtzentrum am Rande des Römerbergs zwischen Paulskirche und Main und wurde aus einer besonderen Geisteshaltung heraus gegründet: Mit der Neukonzipierung des Historischen Museums wollte man ein Museum für alle Besucher schaffen, damit waren auch Kinder und Jugendliche gemeint. Für diese sollten eigene Ausstellungen und Aktivitäten entwickelt werden.
Das Kindermuseum ist mit seinen mehr als 30 Jahren aktiver Tätigkeit fester Bestandteil der Frankfurter Kultur- und Museumslandschaft. Nach wie vor ist es dort zu finden, wo es mit Aktions- und Ausstellungsräumen eröffnet wurde, konnte sich aber vergrößern. Der derzeitige Ausstellungsraum hat 255 m^2, für Sonderaktionen können weitere Räume im Haus genutzt werden. Zusätzlich zu den Ausstellungen gibt es in speziell dafür eingerichteten Druck-, Papier-, Töpfer- und Computer-Werkstätten Projekttage und andere kreative Angebote.
Dem Kindermuseum gehören 4 festangestellte und 20 freie Mitarbeiterinnen an. Realisiert wurden bisher rund 30 größere Ausstellungen. Das Team setzt nach wie vor hohe pädagogische Maßstäbe. Dazu gehört der Anspruch, seiner Zielgruppe zu ermöglichen, den eigens für sie geschaffenen Kulturort mit zu gestalten. Beispiele dafür sind die Ausstellungen „Gesammelte Schätze" (1988), „Familiengeschichten" (1999/2000) und „Herzknistern" (2004/2005).
Sie wurden, woran auch weiterhin festgehalten wird, mit eigens dafür entwickelten Methoden zusammen mit Kindern und Jugendlichen konzipiert und realisiert. Im Wechsel dazu gibt es immer wieder „Werkstatt-Ausstellungen", die Kreativwerkstätten in die Ausstellung direkt integrieren. Mit der Sanierung und einem Umbau des Historischen Museums sind auch räumliche Erweiterungen des Kindermuseums für 2007/2008 vorgesehen.

Adresse:
Kindermuseum des Historischen Museums
Saalgasse 19
60311 Frankfurt
Tel: 069/ 212 35 154
Fax: 069/ 212 42 078
E-Mail: info.kindermuseum@stadt-frankfurt.de
www.kindermuseum.frankfurt.de

Öffnungszeiten:
Di–So: 10–17 Uhr
Mi: 10–20 Uhr

Angebote für Gruppen:
Projekte, Kreativ-Werkstätten, Ferienspiele, Kindermuseum unterwegs, Mädchen-Schreib- und Druckwerkstatt, Kindergeburtstage

Besonderheiten: Gastronomie im Haus, Innenhof.

FULDA
Kinder-Akademie Fulda*

Die *Kinder-Akademie Fulda* wurde 1991 von Helen Bonzel gegründet, die Vergleichbares in Amerika gesehen hatte. Die Kinder-Akademie, die sich an Kinder ab drei Jahren wendet, ist in einem ehemaligen Industriegebäude mit 2000 m² untergebracht und ist das erste eigenständige Kindermuseum Deutschlands. Vor allem interaktive Objekte aus Kunst und Kultur, Naturwissenschaft und Technik regen hier den Entdeckergeist der Besucher an und fordern zum Ausprobieren und Mitmachen auf. Mindestens zwei Sonderausstellungen pro Jahr zu unterschiedlichen Themen ergänzen das ständige Angebot. Kinder werden teilweise an Planung und Realisation von Ausstellungen beteiligt. Die besondere Attraktion der Kinder-Akademie ist das „begehbare“ Herz, das für Erwachsene und Kinder ab acht Jahren bereitsteht. Es ist ein naturgetreues Modell des menschlichen Herzens. In einer Führung lernen Kinder und Erwachsene die Anatomie des Herzens spielerisch kennen. Die Kinder-Akademie vereinigt unter ihrem Dach zwei Bereiche. Das „Museum“ mit interaktiven Ausstellungen wie die über optische Täuschungen oder die Entstehung des Rades. Der andere Bereich, die „Akademie“, ist eine Jugendkunstschule. Dort können Kinder und Jugendliche in Workshops wie dem „Erfinderclub“ oder den Kursen unter der Anleitung von Künstlern, Handwerkern und anderen Fachleuten ihr Wissen spielerisch erweitern und eigene Werke schaffen.

Adresse:
Kinder-Akademie Fulda gGmbH
Mehlerstr. 4
36043 Fulda
Tel: 0661/90 27 30
Fax: 0661/90 27 323
E-Mail: info@kaf.de
www.kaf.de

Öffnungszeiten:
Mo–Fr: 10–17.30 Uhr
So: 13–17.30 Uhr

zusätzliche Angebote für Gruppen:
Führungen, Werkstätten und Mitmachprogramme, Kinderuni, Sommerakademie.

Besonderheiten:
Café, Picknickmöglichkeit. Rollstuhlgerecht.

GEESTHACHT
Das mobile Kindermuseum

Das *Mobile Kindermuseum* wurde 2001 von der Museumspädagogin und Ethnologin Ulrike Neidhöfer gegründet. Es besteht aus verschiedenen Projekten, die in Kisten verpackt sind und jederzeit überall aufgebaut werden können. Konzipiert wurde es für Kinder zwischen sechs und 11 Jahren, die Angebote sind vielseitig gestaltet und handlungsorientiert. Museen, die keine eigene Museumspädagogik haben, Jugendzentren, Schulen und Kindergärten profitieren von Projekten wie „Wasserlabor", „Voll die Power!", „Eine Reise in die Welt der Spiele", „Volldampf voraus!", „Japan – konnichi wa!" Worum es dabei im Einzelnen gehen kann, erläutert ein erklärender Text zum mobilen Ausstellungssegment „Wasserlabor". Es „besteht aus zahlreichen kleinen Experimenten zum Selbermachen: zu Kapillarwirkung, Oberflächenspannung, Druck, Auftrieb, Bewegungsenergie und vielem mehr! Während die Kleinsten noch staunend das kleine Dampfboot durch die Wanne sausen sehen, greifen die Größeren mutig zur Pipette, um zu beweisen, dass Salzwasser schwerer ist als Süßwasser!"

Adresse:
Das mobile Kindermuseum
c/o Ulrike Neidhöfer
Lichterfelder Str. 30
21502 Geesthacht
Tel: 04152/ 83 61 24
E-Mail: u.neidhoefer@gmx.de
www.dasmobilekindermuseum.de

HALLE/SAALE
Krokoseum der Franckeschen Stiftungen

Das *Krokoseum* will für alle Kinder bis 12 Jahre offen sein. Also auch für Kinder, die sonst keine Museen oder Veranstaltungen der Hochkultur besuchen. Einmal, weil sie dies vielleicht nicht wollen, zum anderen, weil sie es aus finanziellen Gründen nicht können. Es dürfen aber auch Kinder sein, die nachmittags die Langeweile plagt oder die sich selbst verwirklichen wollen und gerne Neues austesten. Ihre Anregungen und Ideen für den kulturellen Freizeitbereich werden am „Wunschbaum" oder im „Wunschkasten" angebracht und entsprechend ernst genommen. Zu den vielfältigen Bereichen des Krokoseums, das eine Fläche von über 300 m² umfasst, gehören eine Lesekuhle, Kinderbibliothek, Medienbereich, Klanginstrumente, Fotoentwicklung, Puppentheater, Kinderküche, Künstlerwerkstatt, Druckerei usw. Dazu kommen Ausstellungen, bei deren Themenfindung, Auswahl und Herstellung der Objekte Kinder vereinzelt mitwirken.
Gegründet wurde das Krokoseum im offiziellen Halleschen Kinderjahr 2000. Es befindet sich in der Innenstadt im historischen Waisenhausgebäude der Francke-

schen Stiftungen, zu den neben der kostbaren Bibliothek auch die „Historische Kunst- und Wunderkammer" gehört. Wunderkammern gelten als Vorläufer der Museen. Die in Halle ist die einzige erhaltene in Deutschland. Attraktion ist hier ein ausgestopftes Krokodil, von dem sich auch der Name des Kindermuseums herleitet. Entsprechend wird bei den Themenangeboten des Krokoseums auch die Kunst- und Wunderkammer mit einbezogen.

Adresse:
Krokoseum der Franckeschen Stiftungen
Franckeplatz 1
Historisches Waisenhaus, Haus 37
06110 Halle/Saale
Tel: 0345/ 212 75 75 oder 212 75 78
Fax: 0345/ 212 74 42
E-Mail: krokoseum@francke-halle.de
www.francke-halle.de

Öffnungszeiten:
Mo–Do: 12–17 Uhr kinderkulturelle Freizeit
Mi + Do: 10–12 Uhr Projektarbeit mit Kinder- und Schülergruppen
So: 13–17 Uhr Familientag

zusätzliche Angebote für Gruppen:
Führungen, Werkstätten, Projekt- u. Wandertage, Familienworkshops, Kindergeburtstage, Ferienprogramm

Besonderheiten:
Kleinkindgerecht, rollstuhl- und kinderwagengerecht.

HALLE/SAALE
Kreative Kinderwerkstatt – Kindermuseum Halle e.V.

„Die Kinder-Aktions-Ausstellungen des Kindermuseums Halle e.V. sind öffentliche Räume, in denen Kinder und Eltern zum gemeinsamen Agieren angeregt werden, in denen gruppendynamische Prozesse unabhängig von gewohnten sozialen Strukturen ablaufen, Beziehungen hergestellt, Akzeptanz von Auffassungen anderer und Selbstbehauptung und Selbstartikulation gefördert werden." Soweit die Selbstdarstellung des Vereins *Kreative Kinderwerkstatt Kindermuseum Halle e. V.*, der 1992 gegründet wurde und künftig im stadtgeschichtlich und kulturhistorisch bedeutsamen ehemaligen Solbad Wittekind in Halle eigene Räume bekommt. Die Eröffnung ist für 2007 geplant.
Die aktiven Mitglieder des Vereins sind Künstler und Designer. Ihr Anspruch ist es „Kinder und Jugendliche darin zu unterstützen, sich ein Stück der Umwelt spielerisch erforschend zu erschließen, gemeinsam mit anderen unbekanntes Terrain zu betreten und mit einigen der vielen Facetten des Lebens Bekanntschaft zu machen."
Bei den Kursen, in den Werkstätten und bei Ferienaktionen wird Partizipation ernst genommen. Kinder und Jugendliche können sich aktiv in die Ausstellungsge-

staltung einbringen. Diese Herangehensweise manifestiert sich auch in der Themenwahl und im Design, das unkonventionell ist und von der üblichen Praxis abweicht. So hieß eine Ausstellung „Mikro Marko Makaroni". Eine andere, unter dem Titel „Der Sekundenpropeller", war dem Thema „Zeit" gewidmet, eine dritte behandelte „Das Nichts" mit seinen schwarzen Löchern und der Existenz von unsichtbaren Fischen. Eine vierte Ausstellung „Der Rote Faden – oder vom Hundersten ins Tausendste" ging der Frage nach, was eigentlich der Rote Faden ist und wo man ihn findet.

Adresse:
Kreative Kinderwerkstatt –
Kindermuseum Halle e.V.
Böllberger Weg 188
06110 Halle
Tel. und Fax: 0345/ 977 27 97
E-Mail: kindermuseum-halle@freenet.de
www.kindermuseum-halle.de

HAMBURG

Dings Mix Kinderreich im Museum für Kunst und Gewerbe Hamburg

Die seit Jahren aktive museumspädagogische Abteilung des Hamburger Museums für Kunst und Gewerbe ist auf Grund baulicher Veränderungen in der Lage, 235 m² Fläche als ständige Ausstellung für Kinder einzurichten. Dort plant man ab 2007/08 Kindern einen Spiel- und Lernort zu schaffen. Nach den Vorstellungen der Macher ist das Konzept „so ungewöhnlich, in seiner Gestaltung so inspirierend, dass sich auch Erwachsene dort gerne aufhalten."

Unter dem Namen *Dings Mix Kinderreich* wird ein „gestalterischer Abenteuerspielplatz" eingerichtet. In ihm wer-den Kinder Dinge vorfinden, die in ihren Formen und/oder Funktionen vermischt, verbunden, in jedem Fall aber verändert sind. Durch dieses didaktische Prinzip Umgestaltung wird Distanz zu Gewohntem und Vertrautem geschaffen. So können die Kinder verschiedene alltägliche Aktivitäten wie ruhen, sitzen, essen und trinken unter völlig ungewohnten Bedingungen nachspielen. Sie werden in diesem Mix der Dinge Zusammenhänge, in denen beispielsweise Geschirre, Möbel, Bestecke oder Geräte aus den Museumssammlungen ursprünglich einmal gestanden haben, spielerisch nachvollziehen und erleben: Nach dem Motto „Was wäre wenn: ... die Teekanne zwei Ausgüsse, der Stuhl nur zwei Beine, der Löffel keinen Stiel und man selbst eine Hochfrisur hätte."

Adresse:
Museum für Kunst und Gewerbe
Steintorplatz
20099 Hamburg
Tel: 040/ 428 13 43 129
Fax: 040/ 427 92 9212
E-Mail: Jens.Oestreicher@mkg-hamburg.de

HAMBURG

KL!CK Kindermuseum*

1993 wurde der Verein „Kindermuseum Hamburg e.V.“ gegründet. Sein Ziel war es, von Anfang an ein festes Kindermuseum zu etablieren. Bis es 2004 so weit war, hatte der Verein mit Ausstellungen für Kinder und pädagogischen Aktivitäten reiche Erfahrungen gesammelt. So gehörte die Beteiligung an soziokulturellen Projekten im Hamburger Stadtgebiet ebenso dazu wie die Realisierung von Ausstellungen und Aktionen in den unterschiedlichsten Räumlichkeiten. Auf Grund der engen Vernetzung mit anderen Institutionen und Kindermuseen kam es zu regem Austausch von Ideen und Projekten. Eines dieser Beispiele war die Ausstellung „Urgroßmutters Alltagsleben“ – ein Haushalt in den 50er Jahren. Eine andere war die Aktion „Baustelle – betreten erbeten“, die sich an Kinder ab sechs Jahren richtete. Der Verein ist nicht nur Gründer, sondern auch Träger des *KL!CK Kindermuseums,* das ein festes Haus mit 1500 m² im Gemeindezentrum der Großsiedlung im Osdorfer Born bezog. Es verfügt auf zwei Ebenen nun über mehrere ständige Präsentationen, zu denen die zwei oben genannten gehören sowie „Treffpunkt Körper“, „Elehmentarium“ und „Geld – und gut“. In einem Sonderausstellungsraum werden wechselnde Ausstellungen gezeigt; so z.B. 2005/2006 „Musik hängt in der Luft“. Ergänzt wird das Ausstellungsprogramm durch Tast- und Fühlstationen, einen Museumsshop und ein Café.

Das KL!CK Kindermuseum unterstreicht, kein Museum im landläufigen Sinne zu sein: „Hier werden zwar auch Dinge ausgestellt, aber seltener wegen Ihrer Kostbarkeit, ihres Alters oder ihrer Perfektion als aus einem pädagogischen Ansatz heraus. Besonders die „Mitmach-Exponate“, die einen Großteil der Dinge ausmachen, sind häufig eigens für diese Art des Museums hergestellt.“

Adresse:
Kl!CK Kindermuseum Hamburg
Achtern Born 127
22549 Hamburg
Tel: 040/ 410 99 777
Fax: 040/ 410 99 165
www.kindermuseum-hamburg.de und www.klick-kindermuseum.de

Öffnungszeiten
Mo–Fr: 9–14 Uhr für angemeldete Gruppen
Mo–Fr: 14 (9*)–18 Uhr
So: 11–18 Uhr
* während der Ferien

zusätzliche Angebote für Gruppen:
Kindergeburtstage, Workshops

Besonderheiten:
Museumsshop, Café. Rollstuhlgerecht.

HAMBURG
MoMu – Das Mobile Museum

MoMu – Das Mobile Museum ist ein zur flexiblen Ausstellungsfläche umgebauter Bus, der in regelmäßigen, festen Abständen interessierte Grundschulen anfährt oder von Schulen für bestimmte Themen und Zeiträume gebucht wird. Seine besondere Stärke liegt in seiner Mobilität, mit der Kulturarbeit in Schulen und Stadtteile einzieht. Erreicht werden auf diese Weise vor allem Gebiete in strukturschwachen Stadtteilen und sozialen Brennpunkten. Das MoMu wird künftig auch nachmittags für Familien und andere Interessierte geöffnet sein. Es wird dann von einem Museumspädagogen begleitet, der die Exponate und Experimente in Abstimmung mit dem Lehrer bzw. in Zusammenarbeit mit ihm erklärt.
Der 2005 gegründete Verein kooperiert mit Hamburger Museen (derzeit Museum für Kunst und Gewerbe, Altonaer Museum und Helmsmuseum) und verfolgt das Ziel, zu ihren Sonderausstellungen kinderfreundlichere Programme und Angebote anzubieten. Themen aus der Geschichte, der Wissenschaft, der Kommunikation und des Alltags sollen kindgerecht anschaulich präsentiert und historische Zusammenhänge durch die Interaktion der Zielgruppe erfahrbar und begreifbar gemacht werden.

Adresse:
MoMu – Das Mobile Museum
Stresemannallee 4
22529 Hamburg
Tel: 040/ 560 09 007
Fax: 040/ 560 09 006
E-Mail: info@momu-mobilesmuseum.de
www.momu-mobilesmuseum.de

HAMM
Kinder- und Jugendmuseum im Gustav-Lübke-Museum

Das *Kinder- und Jugendmuseum im Gustav Lübke Museum* wurde 1999 als Teil des Museums für Kunst- und Kulturgeschichte der Stadt Hamm gegründet. Das Kinder- und Jugendmuseum hat eine eigene Ausstellungsfläche von ca. 200 m². Dort präsentiert es Ausstellungen, die übernommen oder im Haus selbst konzipiert wurden. Dafür arbeiten die Museumspädagoginnen eng mit den Fachwissenschaftlern des Gustav-Lübke-Museums zusammen. Die kind- und jugendgerechten Ausstellungen widmen sich Themen der Kunst- und Kulturgeschichte wie zum Beispiel „Wellenrausch. Vom Grammophon zum Datenstrom" (Sommer 2005) und „Mit den Fingern sehen. Bilder für sehbehinderte und sehende Menschen" (Herbst/ Winter 2005/06).
Die Ausstellungen des Kinder- und Jugendmuseums sind handlungsorientiert und werden „nach dem ‚Hands on'-Prinzip inszeniert". Deshalb wundert es auch nicht, dass das Kinder- und Jugendmuseum nicht nur an Wochenenden ein beliebtes Ausflugsziel für Klein und Groß ist.

Adresse:
Kinder- und Jugendmuseum im Gustav-Lübke-Museum
Neue Bahnhofstraße 9
59065 Hamm
Tel: 02381/ 17 57 04
Fax: 02381/ 17 29 89
E-Mail: museumspädagogik@stadt.hamm.de
www.hamm.de/gustav-luebcke-museum

Öffnungszeiten:
Di–So: 10–18 Uhr

Angebote für Gruppen:
Kindergartenprogramme, Schulklassenprogramme, Ferienkurse, Familiensonntage und Kindergeburtstage

Besonderheiten: Museumsshop und Museumscafé.

HANNOVER
AbenteuerMensch – ein Museum für junge Leute (Projekt in Planung)
im Niedersächsischen Landesmuseum Hannover

Nach Einschätzung der Planungsgruppe ist *AbenteuerMensch* das einzige deutsche Kindermuseumsprojekt zum Thema Menschwerdung. In ihm werden sich „Kinder und Jugendliche staunend, entdeckend und spielerisch die Welt der Ur- und Vormenschen erschließen können". Sie werden dazu mit einer Zeitmaschine zu den Anfängen der Menschheitsgeschichte vor etwa 3,5 Millionen Jahren gelangen. Dafür sollen im 1. OG des Museums ca. 300 m² Ausstellungsfläche bereit gestellt werden. Sie liegt im Verbindungsbereich zwischen Naturkunde und Urgeschichte und ist von beiden Abteilungen aus als Rundgang zu begehen. Im Mittelpunkt der kommenden Präsentation sollen Urzeitkinder und deren Lebensbedingungen stehen, um den krassen Gegensatz zu der Lebenswelt von Kindern und Jugendlichen heute direkt erlebbar zu machen. Bestückt werden die einzelnen Einheiten aus Sicht der verschiedenen Fachdisziplinen Naturkunde, Urgeschichte und Völkerkunde mit vielen Originalen. Auf diese Weise hofft man ein spannendes und zugleich eindrückliches Bild der biologischen und soziokulturellen Evolution des Menschen vermitteln zu können.
Die Konzeption für „AbenteuerMensch" ist fertig gestellt. Für die Realisierung bemüht sich das Landesmuseum um finanzielle Unterstützung von außen. Ein Eröffnungsdatum steht noch nicht fest.

Adresse:
AbenteuerMensch – ein Museum für junge Leute
Niedersächsisches Landesmuseum Hannover
Willy-Brandt-Allee 5
30169 Hannover
Tel: 0511/ 980 76 57

Fax: 0511/ 980 78 80
E-Mail: naturkunde.paedagogik@pop-h.niedersachsen.de

HANNOVER
Mobiles Kindermuseum im Stadtteilzentrum Vahrenwald

Das *mobile Kindermuseum im Stadtteilzentrum Vahrenwald* liegt zentral in Hannover am Vahrenwalder Park. Gegründet 1994 mit einem Bauwagen, stehen inzwischen zwei Räume für kleinere Außen-Präsentationen zur Verfügung, darüber hinaus sind bei Bedarf Räume von 120 m² bzw. 2000 m² im Foyer des Stadtteilzentrums vorhanden. So beispielsweise 2006, wenn ein großes Nomadenzelt zum Thema „Orientalische Kulturen" aufgebaut wird. Der Bauwagen wird bei Ausstellungen zu einem inszenierten Raum mit einer besonderen Atmosphäre und schafft so die Möglichkeit, in andere Welten einzutauchen. Die darin ausgestellten Dinge sollen zum Anschauen, Benutzen, Fragenstellen und Selbermachen einladen. Ganz „nebenbei" können die Besucher dann etwas über die möglichen Zusammenhänge von Dingen und Menschen erfahren und nacherleben. Themen wie Höhlen oder das Projekt zu Jules Vernes „20 000 Meilen unter den Meeren" bzw. „Eine Reise in den Tag und die Nacht" (2006) zum Thema Tod sind bewusst in Entsprechung zur Raumsituation gewählt.
Die Arbeit mit dem Bauwagen als beweglichem Ausstellungsort ermöglicht große Mobilität. Auf diese Weise können Schulen, Einrichtungen, Stadtteilfeste etc. mit kulturellen Beiträgen unterstützt werden. Projekte und Begleitveranstaltungen runden diese Angebote ab und bei einigen der Themen sind auch Kinder und Jugendliche in die Projektarbeit eingebunden. Empfehlenswert ist das Vahrenwalder Kindermuseum nach Ansicht von Franziska Schmidt, die das Kindermuseum gemeinsam mit maximal vier Honorarkräften betreut, weil „es dort Spaß macht, eine Menge über Dinge des Lebens zu erfahren. Manchmal ist es sogar richtig aufregend".

Adresse:
Mobiles Kindermuseum
Freizeitheim Vahrenwald
Vahrenwalder Str. 92
30165 Hannover
Tel: 0511/ 168 43 862
Fax: 0511/ 168 43 865
E-Mail: Franziska.Schmidt@hannover-stadt.de

Spezielle Termine für Gruppen:
Workshops, Führungen etc.

Besonderheiten:
Café und Restaurant im Haus, Gruppenaufenthaltsräume, Spielplatz im Park, Veranstaltungssäle zum Mieten.

HANNOVER

Zinnober – ein Museum für Kinder und Jugendliche in der Region Hannover e. V.

Im Jahr 2000 wurde in Hannover der Verein *Zinnober – ein Museum für Kinder und Jugendliche in der Region Hannover e. V.* gegründet. Der Verein, dessen Credo lautet: „Das Kindermuseum verzaubert, denn hier sind alle Kinder Könige", hat sich zum Ziel gesetzt, ein umfassendes Kultur- und Bildungsangebot für Leute von drei bis 14 Jahre zu schaffen. Die Planung und Einrichtung eines eigenen Hauses ist vorgesehen.

Die erste Mitmachausstellung 2001 war eine Übernahme vom Kindermuseum im Wilhelm Lehmbruck Museum Duisburg mit dem bespielbaren Kunstwerk des Spaniers Miguel Navarro: „ArchitekTOUR – rund um die Stadt". 2003 folgte eine Mitmachaktion zu ungewöhnlichen Klangobjekten. Nach einer längeren Vorlaufphase wurde 2005 in Kooperation mit dem Historischen Museum Hannover die Ausstellung „Familie 1000 Fach" gezeigt. Im Mittelpunkt stand dabei das Thema Sammeln, Aufbewahren und Speichern. „In 1000 Fächern gibt es unzählige Dinge zu entdecken, denn das Haus ist eine Schatzkammer des alltäglichen Lebens und der Träume und Phantasien ihrer Bewohner".

Der Verein meint, das beste an seinem Kindermuseum in Planung sei, „dass die Ausstellungen allen Kindern zugänglich sind und auf spielerische Weise Erkenntnisse und Wissen vermitteln." Es empfiehlt sich jedem Kind, weil „es hier viel erfährt und erlebt. Es bietet ihm Anlässe für Beziehungen und Wertschätzungen zu sich selbst, zu Anderen und zur Welt."

Adresse:
Zinnober – ein Museum für Kinder und Jugendliche in der Region Hannover e. V.
Bischofsholer Damm 78
30173 Hannover
Tel: 0511/81 72 99
Fax: 0511/600 90 35
E-Mail: kontakt@kindermuseum-hannover.de
www.kindermuseum-hannover.de

KARLSRUHE

Kindermuseum der Staatlichen Kunsthalle*

Das *Kindermuseum der Staatlichen Kunsthalle Karlsruhe* ist das drittälteste Deutschlands. Es verfügt über einen Werkraum im Untergeschoss des Museums und über ca. 120 m² Ausstellungsfläche. Die Besonderheit dieser Einrichtung besteht in ihrer Transparenz, denn sie ist integriert in die Orangerie der Kunsthalle, also in den Ausstellungsbereich mit zeitgenössischer Kunst. In sie eingebettet und von allen Seiten vom Publikum einsehbar, finden Ausstellungen und Aktionen für und mit Kindern statt. Konzipiert sind diese Ausstellungen teilweise schon für Kinder ab fünf Jahren. Dabei stehen die Bildbetrachtung, szenisches Spiel und die „schöpferisch-kreative Verarbeitung der Inhalte" auf dem Programm. Der Gründung im Jahr 1973 vorausgegangen war eine reiche museumspädagogische Praxis im Hause. Dank enger Anbindung an das Muttermuseum, eines der ältesten und traditionsreichsten Kunstmuseen Deutschlands, stehen die Ausstellungsthemen des Kindermuseums meist in engem Bezug zu Inhalten und Geschichte der bildenden Kunst bzw. zum Sammlungsbestand des Museums. So lautete das Thema der Eröffnungsausstellung „Museum macht Spaß", ein anderes „Ueber die Mahlerey". 2001/2002 wurde parallel zur großen Spätmittelalterausstellung das „Fenster zum Mittelalter" gezeigt und danach hieß es „Kennst du das Land...? Mit Künstlern nach Italien".

Adresse:
Kindermuseum der Staatlichen Kunsthalle Karlsruhe
Hans-Thoma-Str. 6
76133 Karlsruhe
Tel: 0721/926 33 70
Fax: 0721/926 25 73
E-Mail: muse@kunsthalle-karlsruhe.de
www.kunsthalle-karlsruhe.de

Öffnungszeiten:
Di–Fr: 10–17 Uhr
Sa, So + Feiertag: 10–18 Uhr

spezielle Termine/Angebote für Gruppen:
Führungen, Workshops

Besonderheiten:
Café, Restaurant, Gruppenaufenthaltsraum. Rollstuhlgerecht.

KIEL
Kieler Kinderkulturbüro e.V.

Der 2005 gegründete gemeinnützige Verein *Kieler Kinderkulturbüro e.V.* hat sich zum Ziel gesetzt, in Kiel ein Kunst- und Ausstellungshaus für Kinder zu realisieren. Auf dem Weg dorthin konzipieren und organisieren Kulturwissenschaftlerinnen, Pädagoginnen und Kulturschaffende spartenübergreifende Projekte in der Stadt und Umgebung. Damit wird Kindern zwischen sechs und zwölf Jahren ein spielerischer und unterhaltsamer Zugang zu Kunst und Kultur ermöglicht. Im Frühsommer 2006 wird die erste interaktive Ausstellung des Vereins im Kieler Schifffahrtsmuseum gezeigt. Die Ausstellung „Förde – Ostsee – Ozean: Kapitäne" entsteht unter der Beteiligung von Kieler Kindern und wird von einem Rahmenprogramm begleitet. Mit seinen Angeboten unterstützt der Verein die Stadt Kiel in ihrem Bestreben, sich zu einer kinder- und familienfreundlichen Stadt zu entwickeln.

Adresse:
Kieler Kinderkulturbüro e.V.
c/o Katja Stark
Rosenweg 1
24107 Quarnbek-Stampe

Tel.: 04340/ 40 39 02
E-Mail: info@kielerkinderkulturbuero.de
www.kielerkinderkulturbuero.de

KIST

Ochsenfurter Spielbaustelle e.V. mit KuK mobiles Museum für Kinder und Kunst

Die *Ochsenfurter Spielbaustelle e. V.* kommt aus der Spielbusbewegung und existiert seit mehr als zehn Jahren. Als Standort hat sie in der Ortsmitte ein 150 m² großes Werkstatt-Labor, in dem der Verein temporär auch Veranstaltungen wie Spiele-Abende etc. ausrichtet. Ebenso werden Kindergärten und Schulen aufgesucht und getreu dem Motto „Spielraum ist überall" verwandeln sich mit der Spielbaustelle Parkplätze und unbelebte Orte bzw. Schulhöfe oder Spielplätze zu attraktiven Spielstraßen. 2001 wurde das *KuK, das mobile Museum für Kinder und Kunst* initiiert. Für dieses Projekt entwickeln die (zumeist freiberuflich tätigen) Mitarbeiter „Hands on"-Objekte sowie Module wie eine begehbare „Camera obscura" nebst interaktiven Ausstellungen, für die bei Bedarf ein bundesweiter Service besteht. Ein weiterer Schwerpunkt besteht in der Arbeit für Museen wie beispielsweise in Wertheim und Fladungen, um diese innovativer zu gestalten.
Der Verein versteht seine „Ausstellungen als Experimentierräume, in denen alles angefasst, ausprobiert, selbst entdeckt und neu erfunden werden kann. Die Ausstellungsthemen haben mit der Alltags- und Jetztwelt der Besucher zu tun. Die Inhalte können durch die aktiven Besucher ergänzt werden und geben Impulse zum weiterdenken, experimentieren, erzählen, forschen."

Adresse:
Ochsenfurter Spielbaustelle e.V.
Petra Maria Stadler
Untere Dorfstr. 3
97270 Kist
Tel: 09306/98 08 95
Fax: 09306/98 08 94
E-Mail: ossi-leo@t-online.de
www.ochsenfurterspielbaustelle.de

KÖLN

PleaseTouch im Jugendzentrum Glashütte

Das Jugendzentrum Glashütte in Köln-Porz ist eine offene Kinder- und Jugendeinrichtung. Seit vielen Jahren werden hier abwechslungsreiche und vielseitige Aktivitäten für junge Leute von sieben bis 25 Jahren angeboten. Mit der Planung und Realisation von Mitmachausstellungen für Kinder und Jugendliche betritt man nun bewusst ein neues Terrain der soziokulturellen Kinder- und Jugendarbeit. Im Mittelpunkt von *PleaseTouch,* der ersten Initiative dieser Art in Köln, steht die Aufforderung an alle Besucher „aktiv zu werden, alles zu erforschen und anzufassen, mit allem zu spielen und vor allem: nichts unversucht zu lassen!" Zum festen Bestand gehören ein Labyrinth, ein Spiegelkabinett, ein „Goldraum zum selber schürfen und finden", ein 3D-Raum und das „Airporz"-Kino", von dem es heißt: „Nur fliegen ist schöner". Mit der Ausstellungsübernahme „Papier la Papp" vom Kinder- und Jugendmuseum München wurde das *PleaseTouch* 2004 eröffnet. Dabei ging es um einen Alltagsgegenstand, der so sehr zu unserem Leben gehört, dass wir uns über seine Entstehungsgeschichte, Funktion und Ökologie kaum noch Gedanken machen. Ähnlich alltäglichen Phänomenen verpflichtet ist auch „LECKER, die ErnährungsMitMachAusstellung" (2005/2006). Sie gibt „Einblick in die Themen Ernährung und Gesundheit". Im angegliederten Kochstudio kann gleich ausprobiert werden, was gut schmeckt und zugleich gesund ist.

Adresse:
PleaseTouch
im Jugendzentrum Glashütte
Glashüttenstr. 20
51143 Köln
Tel: 02203/59 24 97
Fax: 02203/59 24 97 29
E-Mail: glashuette@jugendzentren-koeln.de
www.please-touch.de

Öffnungszeiten:
Di–Fr: 9–15 Uhr
Di + Do: 14–17.30 Uhr
So + Feiertag, Ferien: 11–17 Uhr

Besonderheiten:
Kindergeburtstage, Veranstaltungen für die ganze Familie, Café, Außenanlage mit Grünfläche, Streetball- und Beachvolleyballfeld.

LEIPZIG
Kinder- und Jugendmuseum Lipsikus im Stadtgeschichtlichen Museum Leipzig

In bester Citylage, nur wenige Minuten vom Hauptbahnhof entfernt, steht das neue Stadtgeschichtliche Museum. Es enthält das *Kinder- und Jugendmuseum Lipsikus im Stadtgeschichtlichen Museum Leipzig*. Die Idee, es ins Haus zu integrieren, begründet Direktor Volker Rodekamp folgendermaßen: „Damit Kinder und Jugendliche den Wert eines Museums und der darin verborgenen Schätze wirklich verstehen können, müssen sie sich aktiv an der Gestaltung beteiligen". Ziel ist es, dass Kinder eigenverantwortlich Ausstellungen organisieren und für das Museum im Museum eine Sammlung aufbauen und diese auch verwalten.
Lipsikus präsentiert sich auf zwei Ebenen: Dem 110 m² großen Kinderatelier im Erdgeschoss und dem ca. 100 m² großen Studio im Untergeschoss, in dem sich das Kinder- und Jugendarchiv befindet. Für dieses tragen jugendliche Forscher für sie interessante oder persönlich wichtige Gegenstände und Informationen zusammen, um sie dank Archivierung und Inventarisierung für zukünftige Generationen zu bewahren. Grundstock für das Archiv bilden die Gegenstände der Eröffnungsausstellung „Leipzig im Winter" (2004/2005). An ihr wirkten Schüler/innen einer

6. Klasse aktiv mit. Sie wählten aus über 300 Wettbewerbsbeiträgen rund 140 für die Ausstellung aus. Parallel dazu verfertigten sie eine Videodokumentation und eine CD mit Interviews, Gedichten, Liedern etc. 2005 folgte dann die Schau „Schillernd & kreativ“. 2005/2006 lief „Familienbande – Von der Heiligen Familie bis zur Patchworkfamily“.

Adresse:
Kinder- und Jugendmuseum Lipsikus
im Stadtgeschichtlichen Museum Leipzig, Neubau
Böttchergäßchen 3
04109 Leipzig
Tel: 0341/965 13 16 oder 965 13 15
Fax: 0341/965 152
E-Mail: dana.albertus@leipzig.de oder elke.schaar@leipzig.de
www.stadtgeschichtliches-museum-leipzig.de

Öffnungszeiten:
Di–So, Feiertag: 10–18 Uhr

Zusätzliche Angebote:
Feste, Geburtstagspartys, Mitmach-Aktionen

Besonderheiten:
Rollstuhlgerecht.

MANNHEIM
Landesmuseum für Technik und Arbeit

Kinder, Jugendliche und Familien sind im Landesmuseum eine wichtige Besuchergruppe. Die Kindermuseumsarbeit macht hier einen festen Bestandteil aus. Seit Jahren werden Ausstellungen für und mit Kindern und Jugendlichen erarbeitet und realisiert. Die Kinderwerkstatt, die auf Ebene A liegt, betreut jeden Mittwoch Kinder von fünf bis zehn Jahren mit kreativen Tätigkeiten, während Eltern oder Großeltern das Museum erkunden können. Der Begriff Kindermuseum steht darüber hinaus auch für Angebote im ganzen Haus. Etabliert hat sich die Reihe „familieaktiv“, die sonntags generationenübergreifend Mitmach-Angebote zum gemeinsam erlebten Besuch bietet.
Das Landesmuseum mit ca. 8000 m² Ausstellungsfläche wurde 1990 am Rande der Innenstadt in einer Grünanlage gegenüber dem Luisenpark eröffnet. Es befindet sich auf sechs Ebenen in einem architektonisch überzeugenden Neubau, der immer wieder Einblicke in die verschiedenen Ausstellungseinheiten bietet. Das „arbeitende“ Museum ist dabei ein wichtiges Prinzip. In den Abteilungen mit Maschinen und Werkstätten sind beispielsweise Vorführtechniker präsent und laden die Besucher zum Mitmachen ein. Geschichte wird auf diese Weise erlebbar gemacht und Kinder und Erwachsene erfahren spielend, wie viel Spaß die Beschäftigung mit Technik machen kann. Für diese Absicht stehen insbesondere die Bereiche der sog. Elementa 1 und 2 (Elementa 3 ist in Planung). Dort können die kleinen und großen

Besucher in eigener Regie physikalische Experimente durchführen. Dabei geht es auch um das „Woher und Wozu", um historische Zusammenhänge, industrielle Anwendung und den alltäglichen Nutzen.

Adresse:
Landesmuseum für Technik und Arbeit
Museumsstraße 1
68165 Mannheim
Tel: 0621/429 88 39
Fax: 0621/429 87 23
E-Mail: paedagogik@lta-mannheim.de
www.landesmuseum-mannheim.de und www.elementa-mannheim.de

Öffnungszeiten:
Di, Do, Fr: 9–17 Uhr
Mi: 9–20 Uhr
Sa: 10–18 Uhr
So + Feiertage: 10–18 Uhr

zusätzliche Angebote für Gruppen:
behindertengerechte Führungen, Werkstattangebote, „Forschertreff" für Kinder

Besonderheiten:
3 x täglich Dampfeisenbahnfahrten, Pauseninsel mit Getränkeautomaten. Rollstuhlgerecht.

MEISSEN
Museum unterwegs e.V.

Die Adressaten vom *Museum unterwegs e.V.* sind Schulen und Freizeiteinrichtungen. Ein weiterer Fixpunkt der Arbeit liegt zusätzlich im Bereich Jugend und Wirtschaft und damit der Berufsfrühorientierung. Sein Ziel sieht der Verein darin, Projektangebote zu Themen zu formulieren, die in engem Lebensweltbezug zur Zielgruppe stehen. Das *Museum unterwegs* ist damit dem Alltag, der Geschichte und Umwelt verpflichtet. Der Besuch dort soll Spaß machen, zum „Be-greifen" und eigenen Handeln anregen. Spielerisch organisiert wird dies durch Lernsituationen mit diversen Gegenständen und Materialien und durch praktische Tätigkeiten. Über die Ausstellungen hinaus werden Lerneinheiten angeboten. Ein thematisches Beispiel für ein solches sachsenweit anzuforderndes Projekt ist die (fiktive) „Klassenfahrt nach Griechenland", auf der vieles über das Gastland in Erfahrung gebracht werden kann.
Der Verein besteht seit 2000 und hat im Jahr 2006 26 ehrenamtliche Mitglieder. Für die gesamte Arbeit zuständig ist ein Team von fünf Leuten, von denen nur eine Kraft fest angestellt ist. Seit 2002 besteht die Möglichkeit, themenbezogene Projekte, teilweise dann in Verbindung mit einer Ausstellung, in den eigenen 250 m² großen Räumen durchzuführen. Sie liegen verkehrsgünstig mitten im historischen Stadtkern der Stadt Meißen.

Adresse:
Museum unterwegs Meißen e.V.
Baderberg 10
01662 Meißen
Tel: 03521/45 67 00
Fax: 03521/45 67 02
E-Mail: museumunterwegs@gmx.de
www.museumunterwegs.de

Öffnungszeiten:
„Museum unterwegs e.V." ist flexibel, es fährt Schulen u. Freizeiteinrichtungen an

zusätzliche Angebote:
Fr: 19–22 Uhr offene Treffs in der Aktiv-Werkstatt.

MÜNCHEN
Das Kinderreich des Deutschen Museums

„Kinder sind Wissenschaftler. Sie hinterfragen alles: Die Ohren des Vaters und den freien Fall der Mandarine. Alles wird lustvoll untersucht, auseinander genommen, beurteilt. Kinder erobern die Welt im Spiel", sagt Christof Gießler, Projektleiter des *Kinderreichs* im Deutschen Museum. Diesen Einsichten gemäß wurde ein Spiel- und Lernbereich aufgebaut, in dem Anfassen und Ausprobieren erlaubt und die jungen Gäste eingeladen sind, in „großzügigen Spielräumen" erste Schritte in die Wissenschaft und Technik zu machen. Diese führen zum Beispiel zum Wasserfall, zur Riesengitarre, zum Flaschenzug, zum Tanagratheater mit witzigen optischen Effekten oder in ein Studienlabor. Präsentiert werden diese Dinge den Drei- bis Achtjährigen in größeren Einheiten. Eine zum Thema Natur, Umwelt, Wasser. Eine zweite ist Phänomenen wie Licht, Optik, Astronomie gewidmet und eine dritte befasst sich mit Schall, Akustik, Musik, die vierte allgemein mit dem Thema Kommunikation. Die fünfte handelt von Kraft, Bewegung und Energie. Hier können u.a. ein Laufrad erprobt oder ein Feuerwehrauto bestiegen werden.
Im Gegensatz zur langen Geschichte des Muttermuseums, das viele weitere interessante Modelle, Nachbildungen und originale Objekte wie Schiffe, Flugzeuge oder sogar ein Bergwerk bietet, ist das Kinderreich noch jung und wird weiter ausgebaut. Es wurde zum 100-jährigen Bestehen des Deutschen Museums 2003 eröffnet. Seine Fläche beträgt 1300 m². In die Aktionen mit einbezogen werden der Seenotrettungskreuzer „Theodor Heuss" sowie der gesamte Außenbereich.

Adresse:
Deutsches Museum
Museumsinsel 1
80538 München
Tel: 089/217 94 11
Fax: 089/217 94 61
E-Mail: kinderreich@deutsches-museum.de
www.deutsches-museum.de

Öffnungszeiten:
täglich: 9–17 Uhr Deutsches Museum. Kinderreich 16.30, letzter Einlass 16 Uhr

zusätzliche Angebote für Gruppen:
gelegentlich spezielle Angebote, Ferienprogramme, Kindergeburtstage

Besonderheiten:
Gruppenaufenthaltsraum, Café, Restaurant, Shop, Aufzug von der Luftfahrthalle EG ins Kinderreich.

MÜNCHEN
Kinder- und Jugendmuseum*

Das *Kinder- und Jugendmuseum München* liegt zentral im ehemaligen Starnberger Bahnhof. Die Gaststätte und der Wartebereich wurden für die Bedürfnisse des Museums umgebaut. Die Ausstellungsfläche, verteilt auf drei Ebenen, beträgt ca. 650 m^2. Als Vorlaufprojekte wurden Stadtteilaktionen und 1990/91 das „Museomobil" realisiert, ein Verkehrsbus, der mit unterschiedlichen Projekten unterwegs war. Das feste Haus wurde 1995 bezogen. Trägerverein ist seitdem PA/Kinder- und Jugendmuseum München e.V.
Das Kinder- und Jugendmuseum zeigt drei bis vier Ausstellungen pro Jahr mit so unterschiedlichen Themen wie „SeifenblasenTräume", „Mathematik zum Anfassen", „Papier la Papp", „Dunkelerlebnis", „Erzähl' mir was vom Tod" usw. Den Ausstellungen, zu denen ein vielseitiges Rahmenprogramm gehört, können sich die Gäste spielerisch und interaktiv nähern. Sie vermögen hier – unterhaltsam und lehrreich – Erfahrungen mit Kopf, Herz und Hand zu machen. Seit 2000 gibt es für Kinder von zehn bis 14 Jahren die Möglichkeit, als „Volunteers" bei der Durchführung des Ausstellungsprogramms mitzuhelfen, kleine Workshops anzubieten sowie Führungen zu entwickeln. Dabei hat sich eine Gruppe gebildet, die sich für alle Tätigkeiten in „ihrem" Museum einsetzt. Ziel ist es, dies weiterzuentwickeln und Kinder und Jugendliche auch strukturelle und konzeptionelle Abläufe im Sinne eines „Museums von und für Kinder" mitgestalten zu lassen. Als Besonderheit wird hervorgehoben, dass hier „sehr viele Mitarbeiter zu finden sind, die zusammen mit den Besuchern die Ausstellung lebendig werden lassen, bei Fragen weiterhelfen, die viele Spiele kennen und Forscheraufträge vergeben."

Adresse:
Kinder- und Jugendmuseum München
Arnulfstr. 3
80335 München
Tel: 089/545 40 880
Fax: 089/545 40 990
E-Mail: kindermuseum@web.de
www.kindermuseum-muenchen.de

Öffnungszeiten:
Di–Fr: 9 + 11 Uhr nur für angemeldete Gruppen

Di–Fr: 14–17.30 Uhr
Sa + So, Feiertage und Ferien: 11–17.30 Uhr

spezielle Termine/Angebote für Gruppen:
Gruppenführungen ab 14 Uhr und am Wochenende/Ferien ab 11 Uhr

Besonderheiten:
Museumsshop, Brotzeitbereich, Angebote für Geburtstagsfeiern, Museumsscouts.

NEUSTADT
Kindermuseum im Museum der Deutschen Spielzeugindustrie

Das Gebiet um Coburg und Sonneberg war traditionell der Herstellung von Spielzeug und Weihnachtsschmuck verpflichtet. Heimarbeit und Kinderarbeit in der Produktion von Puppen und Holzspielzeug waren selbstverständlich. In Neustadt bei Coburg hat die deutsche Spielzeugindustrie ein Museum eingerichtet. Es ging 1930 aus einer Sammlung mit Trachtenpuppen hervor, die ca. 800 Puppen aus rund 100 Ländern enthält.
1988 wurde der Museumsneubau errichtet, der auch Platz für Sonder- und Wechselausstellungen ausweist und in der Dauerpräsentation des Museums anschaulich über die Entwicklungsgeschichte der Spielwarenproduktion informiert. In diese Konzeption wurde ein eigenes *Kindermuseum* integriert, zu dem ein Spielzimmer zur Nutzung durch die jungen Besucher gehört. Die eigentliche Schau des Kindermuseums ist aufbereitet in Form einer „märchenhaften Erzählung: ‚Die Werkstatt des Weihnachtsmannes'." Gestaltet ist sie analog der Schaufenstergestaltung in Kaufhäusern um die Weihnachtszeit. Beworben wird die als kindgerecht geltende Präsentation mit folgendem Slogan: „Was im Museum in der Abteilung ‚Spielzeugindustrie' an Arbeitsabläufen, Geräten und Produkten in groß zu sehen ist, wird dort en miniature gezeigt."

Adresse:
Museum der Deutschen Spielzeugindustrie
Hindenburgplatz 1
96465 Neustadt bei Coburg
Tel: 09568/56 00
Fax: 09568/894 90
E-Mail: spielzeugmuseum-neustadt@t-online.de
www.spielzeugmuseum-neustadt.de

Öffnungszeiten:
täglich: 10–17 Uhr

Besonderheiten:
Museumscafé, Puppenspielfestival, Kreativkurse, Osterprogramm u. Weihnachtsmarkt.

NÜRNBERG

Museum im Koffer e.V./Kinder- und Jugendmuseum Nürnberg*

Als mobile Form eines Kindermuseums ist das *Museum im Koffer* seit 1980 im Großraum Nürnberg und deutschlandweit unterwegs. Mit dem Transportbus kommen die Mitarbeiter des Teams in Schulen, Kindergärten, Bibliotheken oder zum Stadtteilfest. Im Angebot sind 15 Themen: Steinzeit, Kelten, Afrika, Judentum, Papierherstellung, Raumfahrt, Lebensraum Wasser, usw. Mitgebracht werden jeweils – zusätzlich zu einer Ausstellung mit Bildern, Texten und Büchern – eine Vielzahl teils originaler Gegenstände. Im Umgang mit diesen Dingen setzt bei den Kindern ein effektiver Lernprozess ein. Sie können einzeln oder in Gruppen arbeiten, dabei ganze Handlungsabläufe nachvollziehen und erfahren, wie das Leben früher war, wie Menschen in anderen Kulturen leben oder wie der Haushalt der Natur funktioniert. Für seine Arbeit erhielt das Museum im Koffer 1998 den Kinderkulturpreis des Deutschen Kinderhilfswerkes.
Der Verein Museum im Koffer betreibt seit April 2001 zusätzlich das *Kinder- und Jugendmuseum Nürnberg*. Es ist Teil des Kinderkulturzentrums Kachelbau und bietet auf jeweils 300 m² Ausstellungsfläche zwei thematische Schwerpunkte zur interaktiven Beschäftigung an: Alltag der Urgroßeltern und Schatzkammer Erde. Die kleinen Besucher können dabei in den Alltag von vorgestern eintauchen: Ein Wohnzimmer nutzen, Wäsche wie einst waschen, im Kolonialwarenladen kaufen und verkaufen, nach alten Rezepten kochen oder backen. Die Ausstellung „Schatzkammer Erde" im zweiten Obergeschoss bietet eine Umwelterlebnisstation. An sieben Stationen besteht für die „Gastforscher" die Möglichkeit, exemplarische Auf- und Abbauprozesse aus Natur und Technik zu erkunden.

Adresse:
Museum im Koffer e.V./Kinder- und Jugendmuseum Nürnberg
Michael-Ende-Straße 17
90439 Nürnberg
Tel: 0911/60 00 410
Fax: 0911/60 00 459
E-Mail: info@museum-im-koffer.de
www.museum-im-koffer.de und www.kindermuseum-nuernberg.de

Öffnungszeiten:
Mo–Fr: nur für angemeldete Gruppen
Sa: 14–17.30 Uhr
So- und feiertags: 10–17.30 Uhr, in den Sommermonaten auf Anfrage

zusätzliche Angebote:
Sonderausstellungen, Werkstätten, an Wochenenden wechselnde Aktionen. Expertenkinder, die in den Ausstellungen kleine Aufgaben übernehmen

Besonderheiten:
Museumsshop und Café, Kindertheater und ein Kinderkulturforum im Haus. Rollstuhlgerecht.

NÜRNBERG
Kindermuseum „Lern- & Spaßlabor" im Museum Industriekultur

Nürnberg bildete im 19. Jahrhundert den Mittelpunkt der Industrialisierung Bayerns. Das Museum Industriekultur zeigt die Geschichte der Industrialisierung. Zusammen mit einem Schulmuseum (einer historische Schulstube) und einem Motorradmuseum ist es in einem historischen Fabrikgebäude untergebracht. In den letzten Jahren wurde es neu gestaltet und ausgebaut. Entlang einer Museumsstrasse „präsentieren sich historische Ensembles und stellen eine Verbindung zwischen Technik-, Kultur- und Sozialgeschichte her." So gibt es unter anderem eine Arbeiterwohnung, einen Kolonialwarenladen, ein Kino, aber auch das Dampfmaschinenhaus mit Stromgenerator und Turbine, eine Druckwerkstatt und Exponate der Funktechnik zu besichtigen.
Im Zuge dieser Neugestaltung wurde auch das *Kindermuseum „Lern- & Spaßlabor"* zum Anfassen und Experimentieren für Kinder ab vier Jahren eingerichtet. Es umfasst 300 m² mit „Hands on"-Einheiten zu den Gesetzmäßigkeiten von Auge, Ohr, Schall und Geschwindigkeit. Eine weitere Attraktion ist der Bereich „Achtung Spannung", hier darf mit Strom experimentiert werden. Ihre Motorik ausleben können die Besucherkinder auf einem Rondell, bei dem auf einem Rundkurs verschiedene Fahrzeuge wie der Holländer oder ein Laufrad auszuprobieren sind. Als zusätzliches attraktives Angebot für Kinder kommt eine Druckwerkstatt hinzu, in der selber Texte gesetzt und gedruckt werden können.

Adresse:
Museum Industriekultur
Äußere Sulzbacher Str. 62
90491 Nürnberg
Tel: 0911/231 38 75
Fax: 0911/231 34 70
E-Mail: museen@stadt.nuernberg.de
www.museen.nuernberg.de/industriekultur/themen/lern_spasslabor.htm

Öffnungszeiten:
Di–Fr: 9–18 Uhr, ab 14.11.06: 9–17 Uhr
Sa + So: 10–18 Uhr

zusätzliche Angebote für Gruppen:
museumspädagogisches Angebot in der Druck- oder Bleistiftwerkstatt. Historisches Klassenzimmer, in dem Schüler historischen Unterricht nacherleben können.

Besonderheiten:
Café, Kino.

OELDE

Kindermuseum KLIPP KLAPP im Vier-Jahreszeiten-Park Oelde

Das *Kindermuseum KLIPP KLAPP* hat sein Zuhause in einer historischen Wassermühle mit modernem Glasanbau und liegt mitten im Vier-Jahreszeiten-Park in Oelde. In ihm haben Klein und Groß die Möglichkeit, auf spielerische Weise Themen rund um Park und Wassermühle mit allen Sinnen zu „begreifen". Der Besucher von *KLIPP KLAPP* kann sich auf insgesamt 700 m² in den vier Bereichen „denkmalgeschützte Mühle", „Gläserne Küche", „Wassergarten" und „Vier-Jahreszeiten-Raum" auf unterschiedliche Entdeckungsreisen begeben. Themenschwerpunkte sind Geschichte, gesunde Ernährung und Ökologie. So gilt es einmal, in die Rolle eines Müllers zu schlüpfen und am großen Mühlenspiel das Prinzip des Mahlens auszuprobieren. Dann kann man in der „Gläsernen Küche" den Kochlöffel schwingen oder sein Talent als Bäcker erproben. In der Wasserlandschaft des Wassergartens können Jungen und Mädchen den Eigenschaften des Elements Wasser auf die Spur kommen oder im darüber liegenden Vier-Jahreszeiten-Raum, ausgestattet mit „Fühltisch", lebenden Pflanzen und Tieren, den Wandel der Jahreszeiten erforschen. Claudia Beck ist Leiterin des Kindermuseums *KLIPP KLAPP*. Ihr Motto für die Kindermuseumsarbeit lautet: „Spielen, Lernen, Lachen". Seine Pforten öffnete das Kindermuseum mit Beginn der Landesgartenschau NRW „Blütenzauber & Kinderträume" 2001. Neben vielfältigen Museumsangeboten stehen den Besuchern weitere Spiel- und Entdeckungsmöglichkeiten im kinder- und familienfreundlichen Vier-Jahreszeiten-Park, dem ehemaligen Gartenschaugelände, zur Verfügung.

Adresse:
Kindermuseum KLIPP KLAPP
c/o Forum Oelde, Eigenbetrieb d. Stadt
Herrenstr. 9
59302 Oelde
Tel: 02522/ 728 32
Fax: 02522/ 728 15
E-Mail: info@kindermuseum-klipp-klapp.de
www.kindermuseum-klipp-klapp.de

Öffnungszeiten:
Di–Fr: nur für angemeldete Gruppen
Mi: 14–(17*) 18 Uhr
Sa, So + Feiertag: (11*) 10–(17*) 18 Uhr
* während der Monate Oktober bis März

zusätzliche Angebote für Gruppen:
pädagogische Angebote, Kindergeburtstage, Familienprogramme

Besonderheiten:
Café, Restaurant, Gruppenaufenthaltsraum, rollstuhlgerechte Teilbereiche. Der Besuch des Kindermuseums schließt die Nutzung von Freibad, Spielplätzen etc. mit ein.

SCHÖNAU
Kik e.V.–Werkstatt-Museum für Kinder

Der Verein *Kik e.V.–Werkstatt-Museum für Kinder* wurde 1999 gegründet. Seine erste größere Aktion startete er im folgenden Jahr mit der Ausstellung „Mit fliegenden Fahnen ins nächste Jahrtausend". Vorbereitet wurde sie von Schulklassen aus dem Landkreis. Aufgefordert, ihre Wünsche für das nächste Millennium künstlerisch umzusetzen, malten sie diese auf große Stoffbahnen. So entstanden über 200 Fahnen, die im Freien in der Kastanienallee von Pfarrkirchen präsentiert wurden. Die zweite Ausstellung (2002) trug den Titel „Afrika", 2005 wurde die Schau „Holzwurm und Papiertiger" realisiert.
Der Verein lädt im Vorfeld seiner Ausstellungen Schulen zur Beteiligung ein. Die Arbeiten der Kinder werden dann in die Präsentation integriert. Zum Angebot gehören überwiegend Kunstwerkstätten, es werden aber auch zunehmend naturwissenschaftliche Themen bearbeitet. Zu „Holzwurm und Papiertiger" wurden natur- und umweltpädagogische Aktivitäten im Wald (Bäume kennen- und unterscheiden lernen) durchgeführt. Dagegen sind die Möglichkeiten, sich in den Ausstellungen kreativ zu betätigen, eher gering. Dennoch ist Kik e.V. im ganzen Landkreis unterwegs und bietet seine Aktivitäten dort an, wo es freie Räume gibt. Fernziel ist ein eigenes Kindermuseum für den Landkreis Rottach/Inn.

Adresse:
Kik e.V.–Werkstatt-Museum für Kinder
c/o Anita Straßer
Baron-Rieder-Str. 21
84337 Schönau
Tel: 08726/91 02 23
Fax: 08726/91 02 34
E-Mail: anita.strasser@t-online.de
www.kik-werkstattmuseum.de

SOLINGEN
Klingenmuseum für Kinder

Das Deutsche Klingenmuseum wurde als Vorbildersammlung für die Fachhochschule für Metallgestaltung gegründet und verfügt über Exponate von der Bronzezeit bis zur Gegenwart. Zum 100. Jubiläum 2004 wurde das *Klingenmuseum für Kinder* ins Leben gerufen, das aus einer langjährigen museumspädagogischen Praxis hervorgegangen ist. Es befindet sich im Erdgeschoss eines historischen Fachwerkhauses und ist mit dem „Muttermuseum" durch einen kleinen Weg verbunden. Laut Isabell Immel, wissenschaftliche Mitarbeiterin am Klingenmuseum, bezieht es „seine Spannung aus der Mischung von Alltäglichem und Faszinierendem." So werden „die kleinste Schere und das größte Messer der Welt" präsentiert; die Spanne reicht weiter „vom Essstäbchen bis zum Frühstücksmesser, vom Artistenwurfmesser bis zur Frisörschere und vom Faustkeil bis zum Sportflorett". Das Klingenmuseum für Kinder umfasst mit Ausstellungs- und Werkstattbereich 100 m² und fußt auf den drei Schwerpunkten „Blankwaffen, Schneidewerkzeug und Essgeräte". Die

Bereiche sind durch Farben gekennzeichnet, zeigen originale Gegenstände, Fotos und Filme zur Geschichte und Funktion der Objekte. Zu ihnen kommen noch Module wie „Akustikboxen“ oder Einheiten wie die sog. „Multi-Restaurants“, die zum Ausprobieren und Selbermachen einladen. Hauptattraktion aber dürften Schwert, Degen, Säbel und Dolch sein, die, entschärft, angefasst werden dürfen.

Adresse:
Klingenmuseum für Kinder
Klosterhof 2
42653 Solingen-Gräfrath
Tel: 0212/258 36 0
Fax: 0212/25836 3030
E-Mail: klingenmuseum@solingen.de
www.klingenmuseum.de

Öffnungszeiten:
Di–Do + Sa/ So: 10–17 Uhr
Fr: 14–17 Uhr
Spezielle Termine/Angebote für Gruppen:
Ferienkurse, Schulklassenprogramm, Kindergeburtstage, offene Werkstatt

SOLINGEN
Kindermuseum auf Schloss Burg

Schloss Burg, eine eindrucksvolle wiederhergestellte Burganlage, vermittelt heute als Museum eine gute Vorstellung vom Burgleben im Mittelalter und der Kulturgeschichte des Bergischen Landes. Besonders beliebt bei den Besuchern sind dabei die große Märklin-Modelleisenbahn sowie die Ritterspiele und Märkte mit wechselnden Theateraufführungen. Den Impuls zur Einrichtung vom *Kindermuseum Schloss Burg* gab 2002 der damalige wissenschaftliche Leiter des Hauses, Dr. Dirk Söchting. Das Kindermuseum verfügt über ca. 110 m² Grundfläche und umfasst drei kleinere und einen größeren Ausstellungsraum. In diesem findet sich eine kleine Schau zum Thema Ritter mit einem Kinderharnisch und einer Rüstung aus dem 18. Jahrhundert als besondere Attraktionen. Im Rahmen einer Gesamtführung durch das Schloss steht das Kindermuseum Einzelbesuchern, Schulklassen und Kindergruppen offen. Für sie sind unterschiedliche Materialien vorhanden. Das sind u.a. Legosteine, um selbst Burgen zu bauen, oder Nachbildungen früherer Waffen und Rüstungsteile, die dann benutzt werden dürfen.

Schlossbauverein
Burg an der Wupper e.V.
Schlossplatz 2
42659 Solingen
Tel: 0212/24 22 60 (Verwaltung 24 22 611)
Fax: 0212/24 22 640
E-Mail: schloss.burg@t-online
www.schlossburg.de

Öffnungszeiten:
Mo: 13–18 Uhr
Di–So: 10–18 Uhr
Im Winter:
Di–Fr: 10–16 Uhr
Sa + So: 10–17 Uhr.

SPEYER
Junges Museum Speyer

Das *Junge Museum Speyer*, kurz „Jumus“, wirbt mit einem gelben Löwen als Sympathieträger und Maskottchen. Das erste Kinder- und Jugendmuseum in Rheinland-Pfalz ist im Historischen Museum in Speyer angesiedelt und greift bei seiner Arbeit auf die kulturhistorischen Sammlungen des Hauses zurück. Diese reichen von der Vorgeschichte über die Römerzeit zum Mittelalter und in die Neuzeit. Das Junge Museum wurde 1999 gegründet. Es verfügt (abhängig vom Thema und seinen Erfordernissen) über eine Ausstellungsfläche von 600-1600 m² und eröffnete 2005 seine Dauerpräsentation „Dachbodengeheimnisse“ mit einer Erlebniswelt für Kinder von fünf bis 12 Jahren.
In den ersten Jahren des Bestehens hat das Jumus 13 Ausstellungsprojekte umgesetzt mit Schwerpunkten wie „Ritter“, „Altes Ägypten“, „Römerzeit“, „Archäologie in der Pfalz“, u.a. mit der Präsentation von Projektarbeiten junger Menschen. Daneben wurden Sonderschauen zur Aufbereitung kindermedialer Themen übernommen wie die zur „Augsburger Puppenkiste“ oder zu „30 Jahre Playmobil“. 2005/2006 entstand in Kooperation mit dem ZDF eine Medien-Mitmachausstellung“.
Neben seiner Ausstellungspraxis bietet das Junge Museum seiner Zielgruppe einen „Internet-Treff“. Für die zusätzliche Kursarbeit stehen zwei Werkräume zur Verfügung. Hier trifft sich auch einmal im Monat der „Club Junges Museum“. Das Team des Jungen Museums, zwei festangestellte Mitarbeiterinnen und 15 Honorarkräfte für Begleitprogramme, empfiehlt sein Kindermuseum, weil „sich hier spannend präsentierte Kulturgeschichte und kindgerechte Unterhaltung zu einer besonderen Erlebniswelt verbinden“.

Junges Museum Speyer im Historischen Museum der Pfalz
Domplatz 4
67346 Speyer
Tel: 06232/13 25 0
Fax: 06232/13 25 40
E-Mail: jumus@museum.speyer.de
www.museum.speyer.de

Öffnungszeiten:
Di–So: 10–18 Uhr

spezielle Termine/Angebote für Gruppen:
Kindergeburtstage, Ferienprogramme, Workshops, Schulprogramme, Familientage

Besonderheiten:
Café, Restaurant, Gruppenaufenthaltsraum. Zugang barrierefrei möglich.

STENDAL
Kindermuseum im Winckelmann-Museum

Professor Kunze, Präsident der Winckelmann-Gesellschaft und damit zugleich für das Haus zuständig, begründet seine Entscheidung für ein Kindermuseum wie folgt: „Ein Drittel unserer Besucher sind Kinder und indem wir so viele junge Besucher haben, ist es nur konsequent und notwendig, das Museum für Kinder auszubauen." Das Winckelmann-Museum im Geburtshaus des Altertumsforschers versteht sich als interdisziplinäres Museum. Archäologie, Literatur, bildende Kunst etc. werden thematisiert. Wichtig bei der Konzeption des neuen Kinderbereiches war eine enge Verknüpfung mit dem bereits bestehenden Museum und seinen Ausstellungen zur Forschungsgeschichte der Antike. Mit einbezogen in die Konzeption wird auch das im Hof stehende über 15 Meter hohe hölzerne trojanische Pferd, das eine ideale Aktionsfläche für die jungen Besucher darstellt.
Um das 2006 eröffnete *Kindermuseum im Winckelmann-Museum* zu realisieren, wurde ein Fachwerkhaus hinzu erworben. Damit stehen dem „Erlebnismuseum" die oberen Geschosse in drei Häusern zur Verfügung, die unterschiedliche didaktische und inhaltliche Lösungen nahe legen und Schwerpunkte wie die Geschichte der Antike bzw. Grabungsgeschichte abdecken. Die zentrale Ausstellung ist dem Thema einer „römischen Stadt unter der Erde" gewidmet. Dazu führt ein Weg oder eine Rutsche in das Innere der Erde. Weiter gelangt der Besucher dann in das Haus einer untergegangenen Stadt. Hier erhält er eine Vorstellung vom Aussehen eines römischen Hauses und kann sich in einem rekonstruierten Speisezimmer, einer Küche und einem „Bibliotheksraum" aufhalten. Das Ausstellungsthema ergibt sich aus der bewussten Kombination kulturell-historischer Themen und den Möglichkeiten der interaktiven Vermittlung.

Adresse:
Winckelmann-Museum
Winckelmannstr. 36-38
39576 Stendal
Tel: 03931/21 52 26
Fax: 03931/21 52 27
E-Mail: winckelmann-stendal@t-online.de
www.winckelmann-gesellschaft.de/museum/kinder

Öffnungszeiten: Mo–So: 10–17 Uhr, April–Oktober: 10–18 Uhr

STUTTGART
Das exploratorium – Kindermuseum für Stuttgart und Region e.V.

1997 schlossen sich Eltern, Kulturschaffende, Pädagogen und Wissenschaftler zum Verein *exploratorium – Kinder- und Jugendmuseum Stuttgart und Region e. V.* zusammen. Auf dem Programm standen Konzeption und Umsetzung von temporären

Ausstellungen für Kinder. Ziel war es, mit diesen Aktionen das Terrain vorzubereiten für die dauerhafte Einrichtung eines Kinder- und Jugendmuseums für die Region Stuttgart und Umgebung.
Bis es soweit ist, zeigt der Verein seine temporären Ausstellungen an verschiedenen Orten: 1998 „mit aug & ohr", 2001 „Ganz Ohr – Haste Töne. Eine Interaktive Klangreise". 2003, 2004 und 2005 wurde die Ausstellung EXPERIMENTA – PHYSIK FÜR DIE SINNE gezeigt, 2006 die interaktive Ausstellung „Artespace". Die EXPERIMENTA wies 37 Experimentierstationen zu verschiedenen Phänomenen der Physik auf, deren Exponate eingebettet sind „in Spielsituationen, aktivierende Inszenierungen und Forscherangebote. Dementsprechend sieht der Verein die Vorzüge seines temporären Kindermuseums darin, „dass es wechselnde Themen aufgreift und nicht immer das gleiche macht". Empfohlen werden seine Angebote jedem Kind, „weil es da etwas erleben und bewegen kann".

Adresse:
Das exploratorium –
Kindermuseum für Stuttgart und Region e.V.
Rosenbergstr. 50
70176 Stuttgart
Tel: 0711/120 03 57
Fax: 0711/620 39 086
E-Mail: kindermuseum-stuttgart@online.de
www.kindermuseum-stuttgart.de

WEIMAR
Löwenstarke Stöberkiste e.V.–
Werkstattmuseum für Kinder und Jugendliche

Der Verein *Löwenstarke Stöberkiste e.V.–Werkstattmuseum für Kinder und Jugendliche* in Weimar initiiert und organisiert Projekte für Kinder und Jugendliche. Der Begriff Werkstattmuseum soll dabei das kreative und experimentelle Tun der Zielgruppe hervorheben. Es gibt vor allem temporäre Ausstellungen vor Ort oder Wanderausstellungen wie 2005 zum Schillerjahr „Kennst du Schiller?" Ideen und Fragen von Kindern und Jugendlichen fließen in die Konzeptionen ein, und in Workshops arbeiten sie an der Umsetzung mit.
1995 startete der Verein seine erste erfolgreiche Aktion „Schuhe tragen Köpfe", eine Reise in die Geschichte am Beispiel der Fußbekleidung Weimarer Persönlichkeiten. Integriert in diese Ausstellung war eine Zukunftswerkstatt, in der Kinder eigene Schuhe entwerfen konnten. Die Initiatorin des Vereins, Brigitte Geyersbach, findet am besten, „dass die dargestellten Themen aus vielen Perspektiven betrachtet werden können".
So gab es zum Thema Wasser in der Ausstellung ‚Alles fließt' (1999) folgende Bereiche: Weimarer Brücken und Brunnen, Flusslandschaft, Tier- und Pflanzenwelt, Ökologie, Spielen und Musizieren mit Wasser, Wasser im Haushalt, traumhafte Unterwasserwelt, Wasserversorgung, Wassermühlen. Aus diesem Projekt ist eine kleine Wasserausstellung hervorgegangen.

Adresse:
Löwenstarke Stöberkiste e.V.
c/o Brigitte Geyersbach
Bodelschwinghstr. 107
99425 Weimar
Tel: 03643/50 10 58
E-Mail: geyersbach@hotmail.com

WERBACH/BRUNNTAL
MobilesKinderMuseum Ougenweid & Dollerey

Das mobile Kindermuseum *Ougenweid & Dollerey* hat sich auf die Themenbereiche Vorgeschichte und vor allem mittelalterliche Geschichte spezialisiert. Anfangs zeigte es sich allein auf Mittelaltermärkten, nun ist es auch mit kindgerechten Materialien unterwegs zu Schulen und auf Kinderfesten. Bei seinen öffentlichen Auftritten präsentiert sich Ougenweid & Dollerey mit einer Ausstellung im Zelt. Dieses Museumszelt ist dann ganztägig geöffnet und wird durch verschiedene Vorführungen belebt – u.a. zum Handwerk des Färbers oder zur Herstellung von Kleidern früher. Bei einem Besuch im Klassenzimmer, beispielsweise in Verbindung mit dem Projekt „Geschichte des Feuermachens“, werden einzelne Lernstationen mit Exponaten aufgestellt. Als zusätzliche Materialien zur eigenständigen Bearbeitung des Stoffes durch die Schüler steht eine „Museumskiste“ (ein Arbeitsheft) zur Verfügung.

Adresse:
Mobiles Kindermuseum Ougenweid und Dollerey
c/o Christian Suda
Waldstraße 17
97956 Werbach/Brunntal
Tel: 09349/92 89 18
Fax: 09349/92 92 54
E-Mail: info@ougenweid.de
www.ougenweid.de

WOLFENBÜTTEL
Aha-Erlebnis Kindermuseum e.V.

Das *Aha-Erlebnis Kindermuseum e.V.* ist ein gemeinnütziger Verein, der im Jahr 2000 gegründet wurde. Seit 2002 hat das Aha-Erlebnis Kindermuseum e.V. feste Räumlichkeiten: Es befindet sich in einer 450 m² großen Fabrikhalle auf dem Gelände der Kuba-Hallen in Wolfenbüttel. Diese wurde dank der Arbeit des Kindermuseums zu einem interaktiven, außerschulischen Lernort für Kinder, Jugendliche und Erwachsene. Ein zweiter Schwerpunkt besteht in der Arbeit vor Ort: Das Team des Kindermuseums kommt in Schulen, Kindertagesstätten und zu Außenaktionen in Stadt und Land. Bestandteile und Objekte der verschiedenen Ausstellungen können außerdem von pädagogischen Lernstätten ausgeliehen werden. Sie befinden sich dann in „Forscherkisten“ oder Koffern.

In den ersten Jahren seines Bestehens hat das Kindermuseum die Mitmach-Ausstellungen „Wer hat an der Uhr gedreht?", „Alles in Bewegung – Dein Skelett" und „Buchstabensalat" realisiert. 2005 kam eine Schau zum Thema Kinderrechte hinzu, konzipiert als externe Wanderausstellung. Gemeinsam geplant, entwickelt und gebaut wurden diese Ausstellungen mit den „Forscher-Kids" (im Alter von sechs bis 16 Jahren) und dem „AHA-Team" der Erwachsenen. Wichtige Partner in der vernetzten Arbeit des Kindermuseums sind u.a. Institutionen wie Stadt und Landkreis, Schulen, die TU Braunschweig und die Junior-Universität Salzgitter.

Adresse:
AHA-Erlebnis Kindermuseum e.V.
Lindener Straße 15
38300 Wolfenbüttel
Tel: 05337/94 87 99
E-Mail: annette.goslar@arcor.de
www.AHA-Kimu.de.vu

Anschrift:
c/o Annette Goslar
Fliederkehre 5
38324 Kissenbrück

Öffnungszeiten:
Mo–Fr: 9–11 nur für angemeldete Gruppen
Mo + Fr: 15–17 Uhr
Sa + So: 13–17 Uhr
feiertags geschlossen
während der Ferien besondere Öffnungszeiten

zusätzliche Angebote für Gruppen:
Theater, Lesungen, Forscherrunden

Besonderheiten:
Getränke für Kinder und Erwachsene. Rollstuhlgerecht.

WUPPERTAL
Schaufenster Schule & Kinderkunst e.V.

1986 öffnete das *Kindermuseum Schaufenster Schule & Kinderkunst* im Wuppertaler Stadtteil Langerfeld seine Tore. Den Anstoß dazu gab die Kunsterzieherin Margret Beckmannshagen. Sie realisierte in ihrem Unterricht Projekte, bei denen Musik im Mittelpunkt stand und Schüler aus gebrauchten Materialien fantasievolle, witzige und zugleich „spielbare" Musikinstrumente hergestellt hatten. Die auf diese Weise entstandenen rund 200 Arbeiten sollten erhalten bleiben. Räume wurden gefunden, ein Verein gegründet und Schüler, Handwerker und Lehrer richteten das Museum ein. Den Grundstock der Präsentation bilden noch heute die Schülerexponate von damals. Die im Untergeschoss einer Villa platzierte Ausstellung wurde dann um Arbeiten aus den Kinderkursen erweitert. Dazu kommen Objekte aus dem jährlich ausgerichteten internationalen Postkarten-Malwettbewerb „mail-art". Dieser steht jeweils unter einem anderen Motto: 1990 „Meine Traumreise", 1993 „Freunde der Natur" und beim 20. Mal 2005/2006 heißt es „Maskenball und Mummenschanz". Damit entstand nach Meinung der Initiatoren das erste und einzige Museum in Deutschland, das Kunst von Kindern für Kinder präsentiert. Logo oder Maskottchen ist ein großer blauer Elefant aus Holz, selbstverständlich nicht nur Kunstobjekt, sondern auch Musikinstrument, eine Pauke. Bei Führungen und Mitmachprogrammen sollen Eigeninitiative geweckt und die Besucher zu musischem Tun jeglicher Art – Handwerken, Malen, Musizieren – angeregt werden. Das Besondere an seinem Kindermuseum ist nach Aussage von Klaus Alter, dem Leiter: „Kindern Mut zu machen, etwas selbst zu tun. Mit einfachen Mitteln, ohne Kenntnisse von Noten und ohne teure Instrumente können sie Musik machen. Kinder, die von Haus aus nicht gefördert werden, erhalten hier die Chance zu kreativen Tätigkeiten."

Adresse:
Kindermuseum Schaufenster Schule & Kinderkunst e.V.
Beyeröhde 1
42389 Wuppertal (Langerfeld)
Tel: 0202/605278
Fax: 0202/6080070
E-Mail: kindermuseum-wuppertal@t-online.de
www.bergisches-staedtedreieck.de/kindermuseum

Öffnungszeiten:
Di–Fr: 10–13 Uhr
Mi: 15–18 Uhr
Wochenende und Ferien nach telefonischer Anmeldung

Spezielle Termine Angebote für Gruppen:
Führungen für Gruppen und Schulklassen nur nach Vereinbarung.

9.4 Kinder- und Jugendmuseen im deutschsprachigen Ausland

Zur Komplettierung der Angaben stellen wir einige Beispiele in den Nachbarländern Österreich und der Schweiz vor. Ihre Anfänge gehen ähnlich wie in Deutschland auf die siebziger Jahre des vorigen Jahrhunderts zurück.

ÖSTERREICH

GRAZ
FRida & freD
KIMUS Kindermuseum Graz GmbH
Friedrichgasse 34
A-8010 Graz
Tel: +43/(0)316/872 77 00
E-Mail: fridaundfred@stadt.graz.at
www.fridaundfred.at

Die Devise des Kindermuseums FRida & FreD (eröffnet 2004) lautet: „HANDS ON – MINDS ON". Konzipiert werden hier Ausstellungen für Kinder und mit Kindern, bei denen es zusätzlich vielfältige Aktionen gibt.

VÖCKLAMARKT
Kinderwelt-Museum Schloss Walchen
A-4870 Vöcklamarkt
Salzkammergut/Oberösterreich
Tel: + Fax: +43/(0)7682/62 46
E-Mail: hanreichsen@a1.net
www.kinderweltmuseum.at

Im Meierhof des Schlosses ist das 1979 eröffnete Kinderweltmuseum untergebracht. Es bietet Informationen zur Geschichte der Kindheit, Spielstationen, ein Spiegelkabinett und einen Pippi-Langstrumpf-Raum.

WIEN
ZOOM Kindermuseum MuseumsQuartier Wien
Museumsplatz 1
A-1070 Wien
Tel: +43/(0)1/524 79 08
Fax: +43/(0)1/524 79 081 818
E-Mail: info@kindermuseum.at
www.kindermuseum.at

Im renommierten Museumsquartier entstand im Jahr 2000 das Kindermuseum Zoom. Es enthält einen Tast- und Fühlbereich für Vorschulkinder, Atelier- und Videoräume und Ausstellungsschwerpunkte für die Größeren.

Schloss Schönbrunn erleben
c/o Schloss Schönbrunn
A-1130 Wien
Tel.: +43/(0)1/811 13 239
Fax: +43/(0)1/812 11 06
www.schoenbrunn.at/de/kinder/

Die Erlebniswelt (2002 eröffnet) im Westflügel des berühmten Barockschlosses lässt kleine und große Besucher unmittelbar in die Geschichte einsteigen. Thema der (Verkleidungs-) Aktionen sind die Kaiserkinder und das Alltagsleben am Hof.

SCHWEIZ

BADEN
Schweizer Kindermuseum
Ländliweg 7
CH-5400 Baden
Tel: +41/(0)56/222 14 44

Fax: +41/(0)56/222 68 62
E-Mail: info@kindermuseum.ch
www.kindermuseum.ch

Das Schweizer Kindermuseum hat sich dem Schwerpunkt Geschichte der Kindheit verpflichtet. Es weist neben einer Dauerausstellung und einer Spielzeugschau wechselnde Ausstellungen auf. Es gibt viele Aktionsmöglichkeiten und ein „Hosensackmuseum“ mit Ausstellungsstücken aus den Taschen von Kindern.

BERN
Kindermuseum Creaviva im Zentrum Paul Klee*
Monument im Fruchtland 3
CH-3006 Bern
Tel: +41/(0)31/359 01 01
Fax: +41/(0)31/359 01 02
E-Mail: kindermuseum@zpk.org
www.zpk.org

Ins Zentrum Paul Klee (eröffnet 2005) mit dem größten Museum für einen Einzelkünstler ist das Kindermuseum „Creaviva“ zentral in den Eingangsbereich integriert. Es wendet sich mit Ausstellungen, Workshops und Theaterspiel nicht nur an Kinder, sondern auch an ältere Besucher.

LENZBURG
Historisches Museum Aargau
Schloss Lenzburg
CH-5600 Lenzburg
Telefon: +41/(0)62/888 48 40
Telefax: +41/(0)62/888 48 41
E-Mail: hma.fuehrungen@ag.ch
www.ag.ch/lenzburg

Das Museum Schloss Lenzburg ist authentisch eingerichtet mit Räumen zum Ritter- und Bauernleben. Auf dem Weg zum Kindermuseum im Dachgeschoss werden die Kinder von einem feuerspeienden Drachen begrüßt. Zur Animation dort dienen von Künstlern gestaltete lebensgroße Figuren aus der Geschichte des Aargaus.

ZÜRICH
Kinder- und Jugendmuseum
c/o Claudia Bischofberger
Küsnachterstrasse 43
CH-8126 Zumikon
Tel: +41/(0)1/918 15 31
www.kijumu.ch
Für Zürich ist ein Kinder-Kunst-Museum geplant. Im Vorlaufprojekt läuft „das mobile museum sammelsurium“ mit Workshops für Kinder, die Objekte für die künftige Einrichtung erstellen sollen.

Kindercity
Chlirietstrasse 12
CH-8604 Volketswil
Tel: +41/(0)43/204 30 60
Fax: +41/(0)43/204 30 79
www.kindercity.ch
E-Mail: info@kindercity.ch

Kein Kindermuseum, aber auf 6.000 m² ein „Megaangebot" zum Spiel, für „action" und „fun" für Familien mit Kindern von zwei bis zwölf Jahren.

10. Anmerkungen

1 Zur Bedeutung Ellen Keys vgl. Rülcker, Tobias, Das Jahrhundert des Kindes? Ellen Key, die deutsche Pädagogik und die widersprüchliche Realität von Kindheit im 20. Jahrhundert, in: Lingelbach, Karl-Christoph; Zimmer, Hasko, (Hrsg.) Jahrbuch der Pädagogik 1999, Frankfurt/M. 2000, S. 17ff. Die Positionen von Ellen Key sind umstritten. Rülcker führt aus: „Die Utopie von einer befriedeten Kindheit scheint Wirklichkeit geworden zu sein – mit der Einschränkung, daß es vor allem Mittelschichtskinder weißer Hautfarbe aus Industrieländern sind, die von diesen bahnbrechenden Umwälzungen profitieren."

2 Kroner 1994.

3 BJKE/LKD (Hrsg.) 1996.

4 Der besseren Lesbarkeit benutzen wir die männliche Schreibform, die alle Frauen mit einschließt.

5 Gesser 2003.

6 Liebich (Hrsg.) 1987.

7 Zu John Dewey siehe: Rohrbach, Rita, Historisches Lernen im Sachunterricht der Grundschule – ein erprobtes Curriculum, in: Bergmann; Rohrbach 2005, S. 51.

8 König 2002, S. 60.

9 Brief einer Amerikareisenden an die Stadtverwaltung Frankfurt.

10 So die vom internationalen Museumsrat 1989 formulierte Definition, vgl. Stark 2004, S. 129. Der Aufsatz Katja Starks basiert auf ihrer 2003 in Kiel eingereichten Magisterarbeit. In ihm untersucht sie – neben einem ausführlichen historischen Rekurs auf die Geschichte der Museen und speziell der Kindermuseen – die unterschiedlichen Formen der Wissensaneignung in Kindermuseen anhand der vom Frankfurter Kindermuseum herausgegebenen Kataloge der Jahre 1967-1982 und 1997-2001.

11 Pomian 1988, S. 48.

12 Ebd., S. 9.

13 Behncken/Zinnecker 2001, S. 28.

14 Bredekamp 1993, S. 6.

15 Heinisch, Klaus, J. (Hrsg.), Der utopische Staat. Morus, Campanella, Bacon, Reinbek 1960, S. 125. Vgl. auch Kraft 1976, S. 62.

16 Müller-Bahlke, Thomas, Die Wunderkammer. Die Kunst- und Naturalienkammer der Franckeschen Stiftungen zu Halle, Halle 2004, o. S.

17 Zur Bedeutung der Französischen Revolution und ihrem maßgeblichen Einfluss auf die europäische Museumsgeschichte vgl. den Katalog von Paas, Sigrun; Mertens, Sabine (Hrsg.), Beutekunst unter Napoleon. Die französische Schenkung an Mainz 1803, Mainz 2003.

18 Gantner, Theo (Hrsg.), Georg Hieronimus Bestelmeier. Magazin von verschie-

denen Kunst und anderen nützlichen Sachen ..., Reprint, Zürich 1979, Abb. 691.

19 Ewers, Hans-Heino, Kinderliteratur als Medium der Entdeckung von Kindheit, in: Behncken/Zinnecker, a.a.O., S. 50.

20 Ebd., S. 47.

21 Alt 1971, S. 87.

22 Brentanos und v. Arnims Beitrag, redigiert von Kleist, erschien 1810 als Besprechung der Ausstellung in der Berliner Akademie in den „Abendblättern". Der Text ist auszugsweise abgedruckt in: Schultz, Hartwig, Schwarzer Schmetterling. Zwanzig Kapitel aus dem Leben des romantischen Dichters Clemens Brentano, Berlin 2002, S. 245 f.

23 König 2002, S. 33.

24 Kuczynski, Jürgen (Hrsg.), Die Geschichte der Lage der Arbeiter unter dem Kapitalismus, Bd. 19 u. 20. Studien und Dokumente zur Geschichte der Lage des arbeitenden Kindes in Deutschland von 1700 bis zur Gegenwart, Berlin 1968 u. 1969. Hinweise auf Kinderarbeit finden sich auch in Hardach-Pinke/Hardach 1978, S. 27. Das Owen-Zitat ist nachzulesen bei Günther 1971, S. 269.

25 Zit. nach: Günther, a.a.O., S. 269.

26 Günther, a.a.O., S. 342. Zur Rolle Ellen Kays vgl. auch unsere Einführung.

27 Richter, Hans-Günther, Kinder als Künstler, Künstler als Kinder, in: Behncken; Zinnecker, a.a.O. S. 620 f. Diese Aufwertung der Kinderzeichnung war wichtig für Tendenzen der bildenden Kunst des 20. Jahrhunderts. Künstler wie Picasso, Klee, Kandinsky, Münther und andere fühlten sich durch sie in ihrem Schaffen angeregt und bezogen sich bewusst auf dieses Potenzial. Diesen Bezügen war 1995 die Ausstellung „Mit den Augen des Kindes. Kinderzeichnung und moderne Kunst" im Lenbachhaus München gewidmet. Zur Frage, inwieweit Kinder auch als Auftraggeber für Künstler fungierten vgl. die Ausstellung und den von Hollein, Max und Luyken, Gunda herausgegebenen Katalog „Kunstein Kinderspiel", beide Frankfurt/M. 2004.

28 Lichtwark publizierte seine „Übungen in der Betrachtung von Kunstwerken" als eine Art Lehrerhandreichung. Sie enthalten seine Fragen zu den Objekten und die Antworten der Schüler. Vgl. Below, Irene, Probleme der „Werkbetrachtung" – Lichtwark und die Folgen, in Below, Irene (Hrsg), Kunstwissenschaft und Kunstvermittlung, Gießen 1975, S. 83 ff. „Die Übungen" erlangten Vorbildcharakter. Bis 1922 erreichten sie 22 Auflagen. Vgl. Rudolf Grasskopff über Lichtwark in der Reihe „Hamburger Köpfe", Hamburg 2002, S. 84.

29 Rese 1995, S. 41. Wer sich allgemein über die frühe Museumspädagogik informieren will, dem sei das Buch empfohlen: Weschenfelder/Zacharias 1981.

30 Liebertz, Charmaine, Kunstdidaktische Aspekte in der Museumspädagogik – Entwicklung und Gegenwart, Weinheim 1988, S. 166.

31 Ewers in Behncken/Zinnecker a.a.O., S. 61.

32 Wackenroder bezeichnet Galerien als „Tempel", „wo man in stiller und schweigender Demut und in herzenerhebender Einsamkeit die großen Künstler als die Höchsten unter den Irdischen bewundern und mit der langen, unverwandten Betrachtung ihrer Werke in dem Sonnenglanze der entzückendsten Gedanken sich erwärmen möchte", zit. n. Sheehan 2002, S. 79.

33 Stark 2004, S. 117 f. Sie bezieht sich dabei auf Ausführungen von Dieter

Kramer, Bernhard Tschofen und Konrad Köstlin zu Formen der Museumsdidaktik und Präsentation.

34 Eine Rekonstruktion dieser Schau versuchte die Kunsthalle Schirn in Frankfurt mit ihrer Ausstellung „Kunst ein Kinderspiel“, vgl. Anm. 29.

35 Popp 1993, S. 5.

36 König, a.a.O., S. 94. Hervorhebung durch König.

37 Schorn, in: Gesser 2003, S. 21.

38 Zacharias, Wolfgang, Ein Kinder- und Jugendmuseum für die Neunziger Jahre, in: BJKE/LKD (Hrsg.), 1992, S. 3f.

39 Agthe, Johanna, Das Junior-Museum im Museum für Völkerkunde, in: Jahrbuch Preußischer Kulturbesitz VIII, Berlin 1970, S. 214. J. Agthe betreute als Volontärin das Kindermuseum.

40 Schweizerische Unesco-Kommission Bern und Historisches Museum Lenzburg (Hrsg.) 1979, S. 46.

41 Zum Frankfurter Kindermuseum allgemein siehe Gesser 2003. Geleitet wurde das Kindermuseum ab 1975 von Heike Kraft, ab 1986 von Ursula Kern und seit 1998 von Susanne Gesser.

42 Junker, Almut/Hoffmann, Detlef, Kindermuseum, unveröffentlichtes Konzept, 1973, zit. n. Gesser 2003, S. 8.

43 Die Akzeptanz der Robinson-Ausstellung blieb nicht auf Hessen beschränkt. Katalogtexte wurden im Schulbuch abgedruckt und Teile der Ausstellung gingen nach Mailand, Düsseldorf und Nürnberg. Die Pädagogische Aktion in München griff die Idee auf und veranstaltete „Robinsonspielräume“.

44 Commission education et action culturelle dans les musées (Hrsg.), Nationales Colloquium: Musée et vie sociale, Brüssel 1977, S. 71 ff.

45 Vgl. BJKE/LKD, Heft 40, 1996, S. 30.

46 Gortzak, Henk-Jan, in: Schweizerische Unesco-Kommission 1979, S. 74, siehe Anm. 41.

47 Das *Het Junior* ist für seine Arbeit mehrfach ausgezeichnet worden *(www.kit.nl.tropenmuseumjunior/english/index-egl.html)*. Inzwischen gibt es in Holland weitere bedeutende kinderkulturelle Einrichtungen, z.B. im Rotterdamer „Wereldmuseum“ *(www.wereldmuseum.rotterdam.nl)* ein weiteres Kindermuseum. Dazu verfügt noch das dortige „Maritime Museum“ über ein Kinderreich und in der Kinderkunsthalle „Villa zebra“ (ebenfalls Rotterdam) werden Kinderkunstprojekte realisiert.

48 Zit. n. Worm 1994, S. 177.

49 Zit. nach von Welck 2004, S. 171.

50 Ihre Ideen wirkten vorbildhaft weit über den süddeutschen Raum hinaus, siehe: Mayrhofer, Hans/Zacharias, Wolfgang, ästhetische erziehung. lernorte für aktive wahrnehmung und soziale kreativität, Reinbek 1976. Und Mayrhofer; Zacharias, projektbuch ästhetisches lernen, Reinbek 1976.

51 Schweizerische Unesco-Kommission 1979, S. 80 ff.

52 Popp 1993, S. 79.

53 Entwickelt wurde diese Gattung eines mobilen Museums in den USA. Im Zuge der pädagogischen Reformbemühungen der Museen in den 60er Jahren wurde seine Einführung auch an den traditionellen Museen diskutiert. Das Nürnberger Modell ist das erfolgreichste. Vgl. Gach 2005.

54 Popp 1993, S. 81.
55 Siehe Flyer zur Eröffnung.
56 Lorbeer, Marie/Röllig, Elke, Kindheitsalltag der Gegenwart, in: Worm 1998, S. 166.
57 Feierabend, Sabine/Klingler, Walter (Hrsg.), Kinder und Medien 2002, in: Media Perspektiven Heft 6, Baden-Baden 2003, S. 278 ff.
58 Behncken/Zinnecker, a.a.O. S. 26f. Vgl. unser Kapitel 2.2.
59 Ebd., S. 31.
60 Bergmann, Rohrbach, a.a.O., S. 15.
61 Ebd., S.12 und 8.
62 Vgl. Worm 1994. In diesem Band sind die auf der Tagung gehaltenen Referate abgedruckt. Zum Bundesverband der deutschen Kinder- und Jugendmuseen e.V. vgl. Kap. 9.1 und seine Selbstdarstellung in den „Bunten Seiten", herausgegeben vom Verband.
63 Ansatzweise werden diese Themen allerdings im Bundesverband der deutschen Kinder- und Jugendmuseen und auf Fachtagungen diskutiert. Vgl. beispielsweise das Kapitel zu den Qualitätsanforderungen in den vom BVKJM herausgegebenen „Bunten Seiten" 2005, S. 87 f.
64 Das zeigt sich auch an der Fachliteratur. Über Kinder und Museum wird in Kreisen der Kunstwissenschaft etc. kaum geforscht. Zwar sind von den vielen Studenten, die als Praktikanten in den verschiedenen Kindermuseen tätig waren, eine Reihe von Haus- und Examensarbeiten über einzelne Arbeitsschwerpunkte und Ausstellungen angefertigt worden. Diese blieben aber, da nicht publiziert, weitgehend ohne Würdigung durch eine kritische Öffentlichkeit. Eine Ausnahme machen allerdings die Magisterarbeit von Ursula Schreiber, die Dissertation von Gabriele König und die Magisterarbeit von Katja Stark, die als Buch-, bzw. als Aufsatz vorliegen: Vgl. König 2002 und Stark 2004. Weitere Hinweise auf Diplom- und Magisterarbeiten finden sich in „Bunte Seiten", herausgegeben vom BVKJM 2005, S. 105 f.
65 Vgl. Stark 2004, S. 135 f. Stark bezieht sich dabei auf einen Vergleich der frühen Ausstellungs- und Katalogkonzepte im Kindermuseum des Historischen Museums mit denen der 80er und 90er Jahre, doch lassen sich ihre Beobachtungen verallgemeinert auf die gesamte Kindermuseumsentwicklung übertragen.
66 Stark 2004, S. 139.
67 Dazu gehört auch das Mathematicum in Gießen, vielfach fälschlicherweise wegen seiner starken Nutzung durch Eltern mit Kindern und Schülern für ein Kindermuseum gehalten. Geboten werden Kniffelspiele, Spiegelkabinette etc. mit vielen Möglichkeiten zum Ausprobieren mathematischer Formeln und Gesetze. Ein größerer Bogen zu Gesellschaft und Geschichte wird allerdings nicht geschlagen.
68 In Flensburg gab es ein Gemeinschaftsprojekt verschiedener Träger (u.a. des Børnemuseums Flensburg), das sich an deutsche und dänische Kinder richtete. Ziel war einerseits eine Förderung der Kreativität, zugleich sollte die Kooperation beiderseits der Grenze gefördert werden. Angeboten wurden deshalb Workshops, deren Ergebnisse in interaktiven Ausstellungen von und mit Kindern gezeigt wurden. Untergebracht war das temporär realisierte Kindermuseum im Nordertor der Stadt und sollte nach einer Umsetzungsphase (2003-

2007) evtl. neue und größere Räume erhalten. 2005 lief das Projekt allerdings aus finanziellen Gründen aus.

69 Zu Museumskoffern allgemein vgl. Gach 2005; darin zum Nürnberger Museum im Koffer S. 81 ff.

70 Zit. nach einem persönlichen Gespräch mit C. Brüninghaus-Knubel im Jahr 2004.

71 Vgl. Brockhaus/Ruhrberg/Brüninghaus-Knubel (Hrsg.), Christian Boltanski, Réserve Des Enfants De Duisburg. INVENTAR DER DUISBURGER KINDER, Wilhelm Lehmbruck Museum Duisburg 1994.

72 Vgl. Frangenberg, Georg/Vaupel, Brigitte. Unveröffentlichtes Konzeptpapier zu Qualitätsmerkmalen interaktiver Ausstellungen für Kinder, S. 2. Hervorhebungen durch die Autoren. Dieses Papier ist abgedruckt in: BVKJM 2005, S. 87 ff.

73 Diese hohen Erwartungen konnten nicht eingehalten werden. Es kamen nur 165 000 Besucher im Jahr statt der erwarteten 200 000. Ende 2005 musste das ATLANTIS Insolvenz beantragen. Als Grund wurde angegeben: Missmanagement, ein zu hoher personeller Aufwand, Rückgang der Sponsorengelder, gefolgt von großen Bankschulden. Vgl. Frankfurter Rundschau vom 28.12.2005, S. 17, und FAZ vom 30.12.2005, S.33.

74 Vgl. Internetauftritt ATLANTIS 2004/2005.

75 Dichans, Wolfgang, Kinder- und Jugendmuseen aus Sicht der Kinderpolitik, in: BJKE/LKD 1998, S. 17.

76 Braun, Elisabeth, Kinder- und Jugendmuseen als Innovationschance für Stadt und Region, in: BJKE/LKD 1998, S. 15.

77 Elschenbroich 2001, S. 292.

78 Geführt wurde dieses Gespräch im Sommer 2004 in Frankfurt Main; vgl. auch: Buchczik, Marie-Luise/Sinclair, Dianne, Kaleidoskop. Das Werkstattmuseum für Kinder in Frankfurt am Main, Frankfurt/M. 1991.

79 Werbebroschüre Zentrum Paul Klee, Bern 2003, S. 23.

80 Piano hat sich im Museumssektor hervorgetan mit dem Bau des Centre Pompidou, das eines der frühen Kindermuseen Frankreichs enthält. Weiterhin hat er im Rahmen der Ernennung Genuas zur Kulturhauptstadt Europas dort zahlreiche Bauten geschaffen. Die Planung sah auch ein Kindermuseum vor.

81 Institut für Schulbau Stuttgart (Hrsg.), Werkstattbericht 7, Architekturideen für eine Kinderfreundliche Umwelt, Stuttgart 1985, S. 34 ff.

82 Kroner 1994, S. 160 ff.

83 u. 84 Unveröffentlichtes Konzeptpapier, Reinig, S. 1 f.

85 Vgl. Kapitel 8.3. In seiner Publikation „Bunte Seiten“ finden sich weiterhin wertvolle Hinweise auf die Möglichkeiten zur Ausstellungsübernahme. Zusätzlich wird im Bundesverband an so etwas wie Musterverträgen gearbeitet.

86 u. 87 Henze 2004, S. 25.

88 Frangenberg, Vaupel, unveröffentlichtes Manuskript, S. 2, vgl. BVKJM 2005, S. 86 ff.

89 Zacharias, in: Liebich/Zacharias 1987, S. 47 ff.

90 Krämer, in: Gesser 2003, S. 29.

91 Vgl. die Prospekte für Kindergärten und Schulen vom *Klipp Klapp* aus Oelde.

92 Bezirksamt Tempelhof-Schöneberg (Hrsg.), Jugendmuseum Schöneberg. Kon-

zeptionen, Ziele, Aktivitäten Berlin 1995-2002, Berlin, o. J., S. 1 f. Zum Thema Wunderkammern vgl. Bredekamp 1993.

93 Bezirksamt Tempelhof-Schöneberg (Hrsg.), Wunderkammern-Wunderkisten. Eine Ausstellung für Kinder und alle anderen, Berlin, o. J., S. 1.

94 u. 95 Vgl. Anm. 93 a.a.O. S. 4 ff.

96 Bergmann in: Bergmann/Rohrbach 2005, S. 20.

97 Vgl. Anm. 93, a.a.O. S. 4 ff.

98 Erschienen sind sowohl Publikationen zu einzelnen Museen als auch zu Regionen wie Hessen, Niedersachsen, Thüringen. Herausgeber sind u.a. die Museumsverbände. Einen großen Marktanteil haben auch Kulturreiseführer für die Zielgruppe. Ein Beispiel dafür ist: Bongartz, Susanne, Mit Kindern ins Museum: Rhein-Main-Nahe, Bietigheim-Bissingen 2004.

99 Stellvertretend für diese Richtung steht Pfeffer, Susanne/Wenniges, Oliver (Hrsg.), Mia im Museum oder wie der Hausmeister zu seinem Mond kam, Frankfurt/M. 2004. Hier saust ein sprechenden Hase durch die Museumsräume und kommentiert moderne Kunst.

100 Piumini, Roberto, Eine Welt für Madurer, München 2002.

101 Steinhöfel, Andreas, Beschützer der Diebe, Hamburg 1998.

102 Die Idee wurde beispielsweise 2003 umgesetzt von den Klassen 6c und 6e der Marienschule Limburg. Lehrerin bei dem Projekt war Alexandra Jeuck. Eine Fülle von Anregungen für praktische Schülerarbeiten zum Thema Geschichte in Anschluss an einen Museumsbesuch gibt Anja Gröting in der „Lernwerkstatt. So war es früher," 2. Aufl., Kempen 2003 (mit Kopiervorlagen für die Schüler).

103 Das Thema Sammeln, Sammlung, Museum, Wunderkammern hat immer wieder Künstler angeregt: Vgl. das Projekt „AnsichtsSachen" von Hans Haacke. Haacke erhielt im Museum Boijmans Van Beuningen die Möglichkeit, in einer Sonderschau aus Beständen der ständigen Sammlung und des Archivs eine eigene Präsentation zu entwickeln. Seine Arbeit ist dokumentiert in: Haacke, Hans, AnsichtsSachen/Viewing Matters, Düsseldorf 1999. Anders Uwe Gräbner: Der Künstler sammelte originale Alltagsgegenstände bzw. gestaltete sie neu aus verschiedenen Materialien. Diese Stücke präsentierte er dann in teils kleinen, teils großen eigens konstruierten Gehäusen und Schaukästen. Zu sehen waren Gräbners Objekte u.a. in der Ausstellung „Wunderkammern und was uns sonst noch staunen lässt ..." in der Kunsthalle Jesuitenkirche Aschaffenburg, Mai-Juli 2004.

104 du Bois-Reymond, Manuela: Die Oral-History-Methode. Königsweg oder Schleichpfad der historischen Kindheitsforschung, in: Behncken/Zinnecker, a.a.O. S. 221. Sie geht dabei allgemein auf die Bedeutung der Oral History ein, die seit den 1970er Jahren eine wichtige Rolle spielte zur Erforschung der „Geschichte von unten" und zur Zeitzeugenbefragung zum Thema Faschismus.

105 Bonnetier, Michel, Geschichte und Schulmuseum, in: Die Grundschulzeitschrift Heft Nr. 20, Seelze, 1988, S. 28-29.

106 Bergmann/Rohrbach, a.a.O., S. 73.

107 Henze, a.a.O., S. 27.

108 Vgl. Schorn, in: Gesser a.a.O., S. 21.

109 Baacke, Dieter, in: Worm 1998, S. 36.

110 Bergmann/Rohrbach, a.a.O. S. 11 f. und Behncken/Zinnecker, a.a.O. S. 26 f.

111 Bergmann/Rohrbach, a.a.O. S. 9.

11. Literatur

Alt, Robert, Bilderatlas zur Schul- und Erziehungsgeschichte, Berlin 1971

Behncken, Imbke/Zinnecker, Jürgen (Hrsg.), Kinder. Kindheit. Lebensgeschichte. Ein Handbuch, Seelze 2001

Bergmann, Klaus/Rohrbach, Rita (Hrsg.), Kinder entdecken Geschichte. Theorie und Praxis historischen Lernens in der Grundschule und im frühen Geschichtsunterricht, 2. Aufl. Schwalbach/Ts. 2005

Bonzel, Helen (Hrsg.), Die Kinder-Akademie für kleine Forscher und große Entdekker, Berlin 2005

Braun, Marie-Luise/Peters, Ulrike/Pyhel, Thomas (Hrsg.), Faszination Ausstellung. Praxisbuch für Umweltthemen, Osnabrück 2003

Bredekamp, Horst, Antikensucht und Maschinenglauben. Die Geschichte der Kunstkammer und die Zukunft der Kunstgeschichte, Berlin 1993

Brüninghaus-Knubel, Cornelia: Kinder- und Jugendmuseen. Konzepte von Museen für Zielgruppen, in: Museumskunde 64, Heft 2, Berlin 1999, S. 53-58

Bundesverband der Deutschen Kinder- und Jugendmuseen e.V. (BVKJM) (Hrsg.), Didaktik im Kindermuseum, Frankfurt/M. 2000

Bundesverband der Deutschen Kinder- und Jugendmuseen e.V. (Hrsg.), Die Bunten Seiten der Kinder- und Jugendmuseen mit 1000 nützlichen Informationen, Nürnberg 2005

Bundesverband der Jugendkunstschulen und Kulturpädagogischen Einrichtungen (BJKE) und Landesarbeitsgemeinschaft Kulturpädagogische Dienste/Jugendkunstschulen (LKD) (Hrsg.), Infodienst Kulturpädagogische Nachrichten, Heft Nr. 23, Unna 1992

BJKE/LKD (Hrsg.): Kinder + Museum = Kindermuseum? Infodienst kulturpädagogische Nachrichten, Heft Nr. 40, Unna 1996

BJKE/LKD (Hrsg.): Kinder- und Jugendmuseen, Infodienst kulturpädagogische Nachrichten, Heft Nr. 49, Unna 1998

Bundesverband Museumspädagogik e.V. (Hrsg.), Ausstellungen für Kinder, Standbein Spielbein Heft 52, Bonn 1999

Cleaver, Joanne, Doing Children's Museums. A guide to 265 Hands-On Museums, Charlotte 1992

Friedrich Verlag (Hrsg.), Die Grundschulzeitschrift, Kindermuseen, Heft 101, Seelze 1997

Elschenbroich, Donata, Weltwissen der Siebenjährigen. Wie Kinder die Welt entdecken können, München 2001

Fast, Kirsten (Hrsg.), Handbuch der museumspädagogischen Ansätze. Institut für Museumskunde Berlin, Opladen 1995

Gach, Hans Joachim, Geschichte auf Reisen. Historisches Lernen mit Museumskoffern, Schwalbach/Ts. 2005

Gesser, Susanne, Ein Museum für Kinder im Museum. Dokumentation zum 30.

Jubiläum des Kindermuseums, Kleine Schriften des Historischen Museums in Frankfurt/M., Bd. 53, Frankfurt/M. 2003

Günther, Karl-Heinz u.a. (Hrsg.), Quellen zur Geschichte der Erziehung, 6. Aufl. Berlin/ Ost 1971

Hardach-Pinke, Irene/Hardach, Gerd (Hrsg.), Deutsche Kindheiten 1700-1900. Autobiographische Zeugnisse, Kronberg 1978

Hense, Heidi, Das Museum als gesellschaftlicher Lernort. Aspekte einer pädagogischen Neubestimmung, Frankfurt/M. 1990

Henze, Regina, Anfassen ausdrücklich erlaubt, in: Rat für Formgebung (Hrsg.) Design-Report, Hamburg 2004

Herles, Diethard, Das Museum und die Dinge. Wissenschaft, Präsentation, Pädagogik. Frankfurt/M. 1996

Hochreiter, Walter, Vom Musentempel zum Lernort. Zur Sozialgeschichte deutscher Museen 1800-1914, Darmstadt 1994

Kathen, Dagmar von/Zacharias, Wolfgang (Hrsg.), Initiative Kinder- und Jugendmuseum. Ein neuer Ort kultureller Bildung in der Stadt, Unna,1993

Kern, Ursula, Das Kindermuseum des Historischen Museums. 1986–1992. Rückblick und Perspektiven, Kleine Schriften des Historischen Museums in Frankfurt/M., Bd. 48, Frankfurt/M. 1992

Kolb, Peter Leo, Das Kindermuseum in den USA. Tatsachen, Deutungen und Vermittlungsmethoden. Ein Beitrag zur vergleichenden Museumspädagogik, Frankfurt/M. 1983

König, Gabriele, Kinder- und Jugendmuseen. Genese und Entwicklung einer Museumsgattung, Impulse für besucherorientierte Museumskonzepte, Opladen 2002

Kraft, Heike, Kindermuseen: Entwicklung und Konzeptionen, in: Spickernagel/ Ellen; Walbe/Brigitte (Hrsg.), Das Museum. Lernort contra Musentempel, Gießen 1976, S. 62 ff.

Kraft, Heike, Museumspädagogik, in: Lenzen, Dieter (Hrsg.), Pädagogische Grundbegriffe, Bd. 2, Reinbek 1989, S. 1075 ff.

Kraft, Heike, Robinson am Main, in: Kunst und Unterricht, Heft Nr. 3, Velber, 1978, S. 10 ff.

Kroner, Walter, Architektur für Kinder, Stuttgart u. Zürich 1994

Leonard, Yvonne/Schmidt-Thomsen, Helga (Hrsg.), Kinder ins Spiel bringen. Braucht Berlin ein Museum für Kinder und Jugendliche? Berlin 1991

Liebich, Haimo/Zacharias, Wolfgang (Hrsg.), Vom Umgang mit den Dingen. Auf dem Weg zum Kinder- und Jugendmuseum, München,1987

Pomian, Krzystof, Der Ursprung des Museums. Vom Sammeln, Berlin 1988

Popp, Michael, Hands on! Kindermuseen in den USA – Einrichtungen und Initiativen in Deutschland, Nürnberg 1993

Rese, Bernd, Didaktik im Museum. Systematisierung und Neubestimmung, Bonn 1995

Schratz-Hadwich, Barbara, „Lernen im Kindermuseum. Oder: California Dreaming ...?“ in: Hierdeis, Helmwart/Schratz, Michael (Hrsg.), Mit den Sinnen begreifen, Innsbruck 1992

Schreiber, Ursula, Kindermuseen in Deutschland. Grundlagen – Konzepte, Unna 1998

Schweizerische Unesco-Kommission Bern und Historisches Museum Lenzburg (Hrsg.), Kinder im Museum – neue Versuche, Internationale Tagung in Schloss Lenzburg, Lenzburg 1979

Sheehan, James J., Geschichte der deutschen Kunstmuseen. Von der fürstlichen Kunstkammer zur modernen Sammlung, München 2002

Stark, Katja: Medium Kindermuseum. Wegweiser durch komplexe Welten, in: Göttsch, Silke/Sievers, Kai Detlev (Hrsg.), Kieler Blätter zur Volkskunde 36, 2004, Kiel 2004, S. 117-155

Welck, Karin von/Schweizer, Margarete (Hrsg.), Kinder zum Olymp! Wege zur Kultur für Kinder und Jugendliche, Köln 2004

Weschenfelder, Klaus/Zacharias, Wolfgang, Handbuch Museumspädagogik, Düsseldorf 1981

Worm, Nel, Hands on! Kinder- und Jugendmuseum. Kulturort mit Zukunft. Konzepte und Modelle im internationalen Spektrum/BJKE, Unna 1994

Worm, Nel, Kinder- und Jugendmuseum. Ein neues Konzept in der Jugendhilfe?! Grundlagen – Erfahrungen – Perspektiven, Projektdokumentation, Unna 1998

Abbildungsnachweis

Soweit nicht anders angegeben, wurden uns die Fotos von den jeweiligen Museen überlassen.

Von H. Kraft stammen die Abbildungen: 1, 8, 11, 15, 25, 29; von S. Gesser die Abb. 2, 9, 18, 19; von P. Wycisk Abb. 13; von W. M. Rammler Abb. 17; von K. Johaentges Abb. 21 und von B. Lauer Abb. 22.